O Kama Sutra
para Homens Gays

Terry Sanderson

O Kama Sutra
para Homens Gays

Tradução:
Soraya Borges de Freitas

MADRAS®

Publicado originalmente em inglês sob o título *The Gay Man's Kama Sutra*, por Carlton Books Limited.
©2003, texto de Terry Sanderson.
©2003, design de Carlton Books Limited.
Todos os direitos reservados.
Direitos de edição e tradução para o Brasil.
Tradução autorizada do inglês.

©2018, Madras Editora Ltda.

Editor:
Wagner Veneziani Costa

Capa:
Renato Klisman

Tradução:
Soraya Borges de Freitas

Revisão da Tradução:
Rosalia Munhoz

Pesquisadora de Imagens:
Elena Goodinson

Ilustrador:
Roger Payne

Revisão:
Jerônimo Feitosa

Dados Internacionais de Catalogação na Publicação (CIP)
(Câmara Brasileira do Livro, SP, Brasil)

Sanderson, Terry
O Kama Sutra para homens gays / Terry Sanderson ;
tradução Soraya Borges de Freitas. -- São Paulo :
Madras Editora, 2018.
Título original: The gay man's Kama Sutra.
ISBN 978-85-370-1107-2
1. Homens gays - Instrução sexual 2. Homens
gays - Instrução sexual - Obras ilustradas 3. Kama
Sutra 4. Prazer 5. Sexo I. Título.

17-10421   CDD-613.96

Índices para catálogo sistemático:
1. Kama Sutra para homens gays : Técnicas sexuais
613.96

É proibida a reprodução total ou parcial desta obra, de qualquer forma ou por qualquer meio eletrônico, mecânico, inclusive por meio de processos xerográficos, incluindo ainda o uso da internet, sem a permissão expressa da Madras Editora, na pessoa de seu editor (Lei nº 9.610, de 19/2/1998).

Todos os direitos desta edição, em lingua portuguesa, reservados pela

MADRAS EDITORA LTDA.
Rua Paulo Gonçalves, 88 – Santana
CEP: 02403-020 – São Paulo/SP
Caixa Postal: 12183 – CEP: 02013-970
Tel.: (11) 2281-5555 – Fax: (11) 2959-3090
www.madras.com.br

Índice

7 Introdução
Vatsyayana, O *Kama Sutra* Original, O Sistema de Castas, Sexo Gay, Eunucos e Hijras, O Código de Manu, Tolerância Sexual, Hinduísmo e Islamismo

17 Sobre Ser Gay
Sexo Tântrico, A Experiência Gay, Como Integrar sua Sexualidade no seu Ser, Como Elevar a Autoestima, Coração Aberto, Amor Saudável, O Impulso Sexual Masculino, Heróis Sexuais, Preferências, Sexo Seguro e Camisinhas

47 Sobre Como se Preparar para o Amor
Partes do Corpo Masculino, Linguagem Corporal, Toque, Abraços, As Diferentes Intensidades do Amor, Arranhar e Morder, Esfregar-se, Beijar e Conversas Sensuais

79 Sobre a Relação Sexual
Masturbação, Sexo Oral, Posições para Felação, Coito Anal, Posições para o Coito Anal, Outras Novidades, Sexo Grupal, Relacionamentos e Problemas Sexuais

111 Sobre o Conhecimento Necessário aos Parceiros
Doenças Sexualmente Transmissíveis, Embelezar e Perfumar o corpo, Pelos corporais, Tatuagens, Piercing, O Alimento do Amor, Massagem, Brinquedos Eróticos, Pornografia, Bissexualidade, Sadomasoquismo, Fetiches e O Órgão Sexual Mais Potente

142 Índice Remissivo

Nota do editor internacional:

O autor e o editor se esforçaram para assegurar que todas as informações estejam corretas e atualizadas na data da publicação. O autor e o editor se isentam de responsabilidade por qualquer acidente, lesão ou dano que resultarem do uso de ideias, informação e aconselhamento oferecidos neste livro.

Introdução

História

Há quase 2.500 anos, um estudioso indiano da casta brâmane chamado Vatsyayana condensou uma coletânea de textos antigos sobre sexo e bem viver em um livro chamado *Kama Sutra*, visando educar os jovens nas formas de amor praticadas em sua cultura.

Acima. O sexo é um impulso humano fundamental que não deve ser negado. Todas as tentativas de controlá-lo e regulá-lo, no fim, falharam. O amor não conhece amarras.

Página oposta. O amor entre indivíduos do mesmo sexo está presente por toda a história. Às vezes foi aprovado e desfrutado; com frequência, foi perseguido com violência.

A obra de Vatsyayana só foi traduzida para o inglês em 1883. Os tradutores, *Sir* Richard Burton e F. F. Arbuthnot o publicaram anonimamente por acreditarem que ele geraria uma controvérsia enorme na sociedade vitoriana.

O *Kama Sutra* não se tornou disponível para o público da Inglaterra até a "era permissiva" dos anos de 1960. Em seguida, a fama do livro se espalhou rápido e, logo, ele passou a fazer parte do conhecimento da cultura ocidental. Atingiu um *status* de ícone só por sua reputação, e poucos não sabem de sua existência, embora muitos possam nunca ter visto uma cópia.

Mas o *Kama Sutra* é bem mais do que um livro de sexo acrobático. É um manual para viver. Provavelmente, é um dos primeiros manuais de autoajuda escritos e tenta abranger toda a gama de reflexões sobre como homens e mulheres devem se relacionar uns com os outros para criarem uma sociedade ordeira e civilizada.

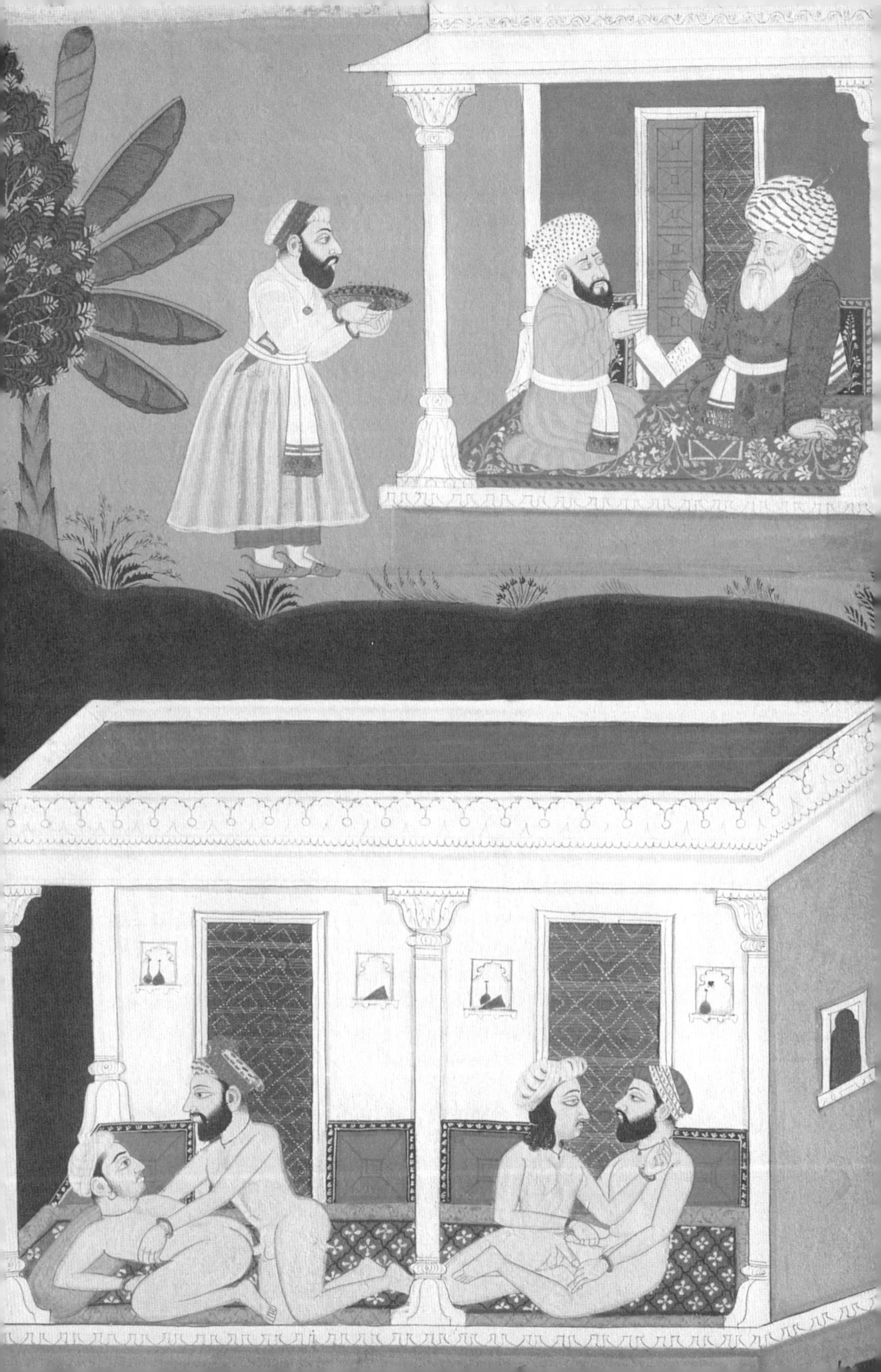

Acima. Apesar da desaprovação social e das sanções criminais, os gays sempre conseguiram se encontrar e expressar seu afeto da melhor forma para eles.

Embora o *Kama Sutra* defenda o gozo desinibido dos prazeres da carne, ele também aconselha que esses prazeres sejam usados para um propósito mais elevado. O sexo e o prazer sexual não devem ser desprezados, mas devem apenas fazer parte de nosso esforço para compreender o lugar do homem não só no mundo, mas também nesse instante fugaz da eternidade que todos habitamos.

O *Kama Sutra* foi escrito originalmente no antigo idioma indiano sânscrito e significa aproximadamente "As Leis do Amor" (*kama* significa "amor, prazer e sensualidade" e *sutra* significa "aforismo", a expressão de uma ideia no menor número de palavras possível).

Vatsyayana considerava que o livro tinha uma dimensão religiosa. Ele disse que o escreveu "de acordo com os preceitos da Escritura Sagrada" e que o livro tinha um propósito mais nobre do que apenas a promoção do prazer. Lido com atenção, o *Kama Sutra* é, de fato, um manual para o bom cidadão de sua época.

O ressurgimento do interesse nas filosofias, na medicina e nas terapias orientais antigas deu ao *Kama Sutra* uma nova relevância. Sua filosofia do sexo está em maior sintonia, realisticamente, com a experiência e a expectativa de uma população moderna, bem-educada e opulenta do que a das religiões ocidentais.

Neste livro, adaptei o espírito do *Kama Sutra* para atender aos costumes e às necessidades dos homens gays modernos. Pois, embora as várias posições sexuais descritas no livro sejam destinadas ao deleite de homens e mulheres, elas não precisam de muitas modificações para serem usadas por dois homens.

História 11

O ímpeto de buscar e obter gratificação sexual é atemporal. É um impulso fundamental em quase todos os seres vivos. O *Kama Sutra* aceita essa verdade como autoevidente e toda a sua filosofia deriva dela. Nossos impulsos sexuais são vistos como bons e dignos. Quando o livro foi escrito, esses impulsos ainda não eram revestidos pelas proibições contra o sexo que se tornaram tão comuns nas religiões monoteístas do mundo todo.

Entretanto, ao contrário dos impulsos sexuais, as regras das sociedades estão longe de serem atemporais – elas podem mudar e mudam. Leis e tabus variam de uma geração a outra e de uma civilização à seguinte.

Nos dois milênios e meio que transcorreram desde a criação do *Kama Sutra*, civilizações vieram e partiram, religiões viveram e morreram e o que pareciam leis eternas foram descartadas e substituídas. As sociedades veem o mundo como ele é refletido em seu ambiente e época; não existem dois reflexos iguais. O desejo de satisfação sexual, porém, é constante, imutável e fundamental para todos nós.

Por isso, precisamos considerar a sociedade na qual o *Kama Sutra* se originou. Ela era muito diferente da sociedade em que vivemos quase 2.500 anos depois. Não podemos fingir que séculos de atividade humana e progresso científico não trouxeram um conhecimento que possa ser acrescentado ao tesouro do *Kama Sutra*.

Abaixo. Na Grécia Antiga, uma forma institucionalizada de homossexualismo envolvia um homem mais velho servindo como "mentor" de um jovem instruindo-o nos modos da boa cidadania.

O mundo em que o *Kama Sutra* nasceu era, de muitas formas, cruel e elitista. O sistema de castas condenava a maioria a uma vida de pobreza extrema, servidão e morte precoce. Enquanto isso, os poucos no topo do sistema viviam no luxo, passando seus dias em passatempos e prazeres fúteis.

No mundo ocidental moderno, com sua abundância, igualitarismo e preocupação com os direitos humanos, a maioria de nós pode desfrutar agora do que apenas a casta brâmane desfrutou nos dias de Vatsyayana.

O principal objetivo do *Kama Sutra,* então, é adquirir conhecimento e poder pela virtude, prosperidade e amor. Com um pouco de sorte, e muito esforço, podemos ter os três. Somos ricos o suficiente para ser capazes de explorar e mimar nossos sentidos; temos a educação como um direito e tempo de lazer suficiente para ceder a nossos desejos, se quisermos.

Portanto, à luz do conhecimento acumulado, precisamos extrair do *Kama Sutra* o que for relevante para nossas vidas hoje. Podemos identificar o que é atemporal e descartar o que for momentâneo e determinado pela cultura. Não iríamos querer aceitar algumas ideias da filosofia, principalmente aquela que afirma que a grande maioria da raça humana deve ser considerada nada menos que servos e vassalos por seu nascimento inferior ou que algumas delas inclusive são "intocáveis".

A sociedade indiana, tanto no passado como agora, é complexa. A mesma cultura que produziu o *Kama Sutra,* de afirmação do sexo, também produziu filosofias de um puritanismo extremo que, até hoje, proíbe os atores de Bollywood de se beijarem na tela.

Então, pegamos o que está ancorado na condição humana, ou seja, o anseio por amor, sexo e prazer sensual, e descartamos o que passou para a história: os preconceitos de uma sociedade de outro lugar e outro tempo.

Temos que ser honestos e reconhecermos que o *Kama Sutra* é ambíguo sobre o sexo gay, considerando-o pertinente ao território dos eunucos e afeminados. Ele equipara o amor entre homens exclusivamente à felação, que é condenada por ser praticada, basicamente, por michês. O sexo oral é chamado de Coito Superior, porque a entrada do *lingam* (pênis) acontece no ponto mais elevado do corpo do que na relação sexual entre genitais. Embora o *Kama Sutra* admita com relutância que a felação também é praticada "na melhor sociedade", ela é, contudo, denunciada como "indecente, antissocial e descortês".

Vatsyayana inclui um capítulo inteiro sobre a prática da felação em que os eunucos são chamados de "terceiro sexo".

Pode ser que ele esteja descrevendo as Hijras, uma seita religiosa que ainda é encontrada na Índia moderna. Esse grupo formado só por homens, com população atual estimada entre 50 mil e 500 mil, se divide em duas classes: os que removeram cirurgicamente seus pênis e aqueles que os deixaram intactos. A seita cultua a Deusa Mãe e procura a identificação com ela sendo tão femininas quanto possível.

Acima. A aceitação da ambiguidade sexual das Hijras proporcionou um abrigo para muitos gays de uma cultura que costuma usar o casamento como um meio de ascensão social.

Seu papel tradicional no norte da Índia é o de artistas. Embora pretendam preservar o ideal de castidade, muitas Hijras agem como prostitutas, adotando o papel passivo para homens indianos que as consideram meras substitutas convenientes das mulheres. Dessa forma, esses homens podem garantir que sua identidade sexual ainda seja inquestionavelmente heterossexual.

Acima. Na esteira de proibições severas de sua sociedade, os artistas vitorianos usavam uma cultura clássica imaginária como uma desculpa para explorar temas eróticos.

Em seu estudo sobre as Hijras, Serena Nadra diz que muitos adolescentes homossexuais que foram rejeitados por suas famílias encontram seu caminho em meio às Hijras. Lá eles encontram aceitação em uma espécie de nicho, protegendo-os de uma sociedade que rejeita qualquer modo de vida fora da estrutura familiar tradicional. Embora exista discordância sobre o quanto a sociedade indiana tolera as Hijras, elas dão algum tipo de legitimidade e posição social para homossexuais, travestis e transexuais.

A única outra forma para os homens homossexuais indianos escaparem da pressão inexorável para casar tem sido, para eles, abandonar suas famílias, renunciar à sua casta e assumir a vida descompromissada de um monge, guru, mestre ou homem santo andarilho. É fácil ver que muitos homens, que não podiam nem tolerar fingir levar uma vida heterossexual seguiram esse caminho e, ao fazê-lo, se encontram em companhia de outros homens que partilham a mesma visão.

Portanto, embora a Índia, antiga e moderna, possa negar a homossexualidade, ela sempre existiu e foi praticado em segredo. O texto remanescente mais antigo sobre a lei indiana é o *Arthashastra* do século IV a.C. Seu autor, Cautília, prescreve multas de 48 a 94 *panas* pela atividade homossexual masculina e de 12 a 24 *panas* por lesbianismo. Essas multas eram bem mais baixas do que aquelas para os crimes heterossexuais.

O mais conhecido entre os textos da lei sagrada indiana é o *Código de Manu*, que remonta aos séculos I ao III E.C. Ele determina que um homem da classe alta que "cometa um ato não natural com um homem... deve banhar-se, vestido". Também é ordenado um ritual de expiação para todo homem que engolir sêmen. Os membros das quatro castas mais baixas, bem como os párias, não sofriam restrições por não serem considerados importantes o bastante para entrar na alçada da lei.

Portanto, a homossexualidade sempre predominou na Índia, embora não tenha sido celebrada da mesma forma que o amor heterossexual. Mas embora essa sociedade patriarcal possa permitir que os homens sejam o agressor em um encontro sexual com outro homem, ser o parceiro passivo era um tabu. Um tipo especial de desprezo era, e ainda é, reservado aos homens que permitem ser penetrados. Depois, imperaram o Cristianismo e formas mais intolerantes de Hinduísmo e Islamismo. Então, a celebração do sexo, que tinha sido a norma nos dias de Vatsyayana deram lugar ao puritanismo e à desaprovação.

Dessa rica mistura cultural, tiraremos os melhores conselhos para os modos de amar e como aplicá-los a nossas vidas no século XXI. Eliminaremos a culpa e a vergonha com que as instruções no *Kama Sutra* foram associadas nos séculos seguintes e abraçaremos a alegria e o êxtase que são verdadeiramente humanos.

Capítulo 1
SOBRE SER GAY

A Arte do Amor Masculino

No *Kama Sutra*, a prática e a perfeição das técnicas de amor deviam ser acompanhadas por outras conquistas consideradas de igual valor.

Um homem deve se empenhar para se tornar um poeta versado, alguém capaz de apreciar a beleza em suas muitas manifestações. Ele deve decorar e perfumar sua casa e seu corpo com ricos ornamentos e fragrâncias. Deve apreciar a atemporalidade e a beleza da música e ser capaz de expressar seu amor cantando e tocando um instrumento.

Ele deve ser capaz de se comportar bem em qualquer companhia e ser habilidoso na arte sutil da conversação e da linguagem. Ele também usará flores e plantas de grande beleza para criar um prazer estético em seu ambiente cotidiano. Ele enviará a mais delicada dessas flores a seu amor como um símbolo de seu prazer e um sinal de suas intenções.

Ele se cercará de belas artes e objetos que foram criados por mãos amorosas.

Cultivará tudo o que for bom e agradável aos sentidos. Riachos e montanhas, árvores e animais – todo o mundo natural deve ser tratado com respeito. Ele se considerará parte integral desse mundo e ficará em harmonia com seus semelhantes.

O amor não pode ficar separado de outros aspectos da vida, e uma vida dedicada

A Arte do Amor Masculino 19

aos objetivos melhores e mais dignos, no fim, se traduzirá em um sexo nobre e prazeroso. Quanto mais conhecermos as artes e as ciências, mais nos conheceremos. Um homem instruído e refinado, não só a respeito dos assuntos acadêmicos, mas também nas questões da natureza humana, estará mais bem equipado para desfrutar do amor supremo.

Acima. As imagens idealizadas da mitologia inspiraram os artistas europeus a retratar o tipo de intimidade e nudez que eles não podiam retratar de outra forma.

Com isso em mente, o *Kama Sutra* recomenda aos homens:

- estudar música;
- estudar dança e movimento;
- conhecer estrelas, planetas e os corpos celestes;
- conhecer dicionários e vocabulários;
- praticar caligrafia para enviar bilhetes e cartas ao seu amor;
- dominar a arte do desenho e aprender tatuagem, que é uma extensão do desenho;
- estudar arquitetura e a arte da construção de casas;
- estudar decoração de interiores, arrumação de sofás, camas e almofadas de jeitos agradáveis e iluminar essas áreas com sutileza;
- ganhar dinheiro honestamente e ser justo ao lidar com os outros;
- cozinhar bem, criando pratos apetitosos;
- dominar a arte de usar temperos e especiarias, não só para aromatizar pratos, mas para perfumar o ar e o corpo com aromas intensos que seduzam a pessoa amada.
- explorar o uso de perfumes e unguentos como um meio de massagear o corpo do amado;
- exercitar-se no ginásio para seu corpo ser atraente ao olhar e poder se mover com graça e movimentar-se de modo a agradar a pessoa amada;
- apreciar a arte da jardinagem e, portanto, tornar-se próximo da natureza;
- tornar-se fluente em linguagens para sentir-se em casa em muitos países, sempre respeitando culturas cujas normas e regras podem não ser as mesmas que as suas;
- tratar os outros com respeito e solidariedade;
- ter consciência da linguagem corporal, incluindo como entender gestos e expressões;

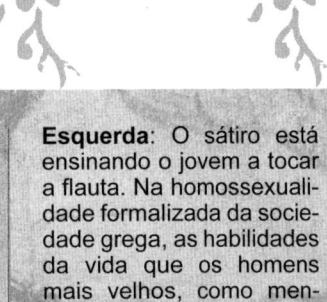

Esquerda: O sátiro está ensinando o jovem a tocar a flauta. Na homossexualidade formalizada da sociedade grega, as habilidades da vida que os homens mais velhos, como mentores, passavam para a geração seguinte incluíam as habilidades para fazer amor.

• informar-se e ser habilidoso em todos os meios de comunicação eficaz;

• ser hábil em todos os tipos de esportes e jogos;

• conhecer a arte da diplomacia;

• ser hábil no uso de todos os tipos de tecnologia;

• ser capaz de cuidar dos doentes e zelar pelos animais com a mesma reverência com que trata os seres humanos.

Se um homem conseguir dominar pelo menos algumas dessas habilidades (dez é o número ideal) e tiver uma disposição agradável, beleza e outras qualidades vantajosas, então seu lugar no mundo como um cidadão respeitado estará garantido. Ele nunca vai querer pretendentes para implorar por seus favores e poderia ter um novo amor a cada noite, se quisesse. Mas saberia que essa promiscuidade tão indiscriminada não está de acordo com seu caráter e ele iria querer que o ato de fazer amor tivesse um significado especial. Então, ele esperaria por oportunidades que o enriquecessem em vez de o rebaixarem.

Nossa única ambição será viver nossa breve vida ao máximo. Deixaremos as questões insondáveis da religião e da filosofia a sacerdotes e gurus. Devemos tentar encontrar nossa verdade e nosso lugar e nos libertarmos do fardo das opiniões irracionais.

Somente com o empenho por uma vida de felicidade é que realmente começaremos a apreciar o sentido essencial da nossa existência. Como disse o grande pensador americano Robert G. Ingersoll:

A **felicidade** é o único bem.
O **lugar** para ser feliz é aqui.
O **tempo** de ser feliz é agora.
E o **modo** de ser feliz é fazer os outros felizes.

Portanto, nossa meta é a felicidade e, se vivermos com generosidade, com o bem dos outros sempre em nosso coração, a felicidade virá com certeza. Se fizermos isso, além de sempre tentarmos apreciar as melhores coisas da vida, sempre teremos felicidade não só para nós como também para os outros. Ela se torna um ciclo permanente, uma maravilhosa roda da vida.

Nós também devemos colocar o ato sexual neste contexto, pois o amor é uma rota certa e essencial para a felicidade. A fusão do nosso corpo com o de outra pessoa é um êxtase perfeito que leva a felicidade para outra esfera e a transforma, como magia, em bem-aventurança. O ato de fazer amor que levar em conta as necessidades da pessoa amada, tanto quanto seus próprios desejos, alimenta a alma e nutre o espírito.

Sexo tântrico

O Tantra é uma filosofia antiga que exalta o sexo como um meio de se conectar com forças superiores. Os praticantes do sexo tântrico visam unir dois amantes e um fluxo contínuo de energia. O Tantra desafia o conceito moderno da experiência sexual focada nos genitais e no desempenho. Em vez disso, os rituais sexuais do tantra visam unir todo o corpo, mente e coração dos participantes.

O sexo tântrico é altamente ritualizado, envolvendo a purificação e a alimentação com refeições sagradas. Algumas formas de Tantra exigem a quebra deliberada de tabus e comer alimentos proibidos.

Abaixo: O Tantra é uma filosofia aberta que os gays podem abraçar de coração aberto em sua busca por satisfação sexual.

O sexo tântrico tornou-se popular no ocidente como um meio de superar muitos dos medos e inibições que restringem ou estragam a expressão sexual para tantas pessoas. Ele também pode ajudar a reacender o desejo sexual e emocional em casais que estão juntos há muitos anos e podem ter se afastado ou ficado indiferentes um ao outro.

Incluiremos alguns elementos de Tantra neste livro, mas, para uma exploração mais completa do tema, você deve procurar por um dos vários praticantes especialistas (existe um número crescente deles), que podem ajudá-lo a ter uma compreensão mais profunda dessa filosofia.

A experiência gay

O objetivo deste livro é encorajar o leitor a considerar a integração da expressão sexual em toda a pessoa. Isso é essencial para todos, mas para os gays isso assumiu uma importância muito mais profunda.

A mensagem do *Kama Sutra* é que a virtude, a prosperidade e o erotismo estão intimamente ligados e são mutuamente interdependentes. Ele nos diz que o prazer sexual não é uma coisa simples, mas tem significado cósmico e é o caminho para a iluminação. O desejo erótico é a energia do universo.

O sexo pode colocar os indivíduos em situações extraordinariamente complexas. Portanto, para evitar aborrecimentos ou dificuldades indesejáveis, essas forças devem ser estudadas, praticadas e respeitadas. O objetivo é intensificar e aumentar o prazer sexual ao ponto de a experiência megaorgásmica levar a percepções emocionais, espirituais e sociais transformadoras da vida. As técnicas de prazer reveladas no *Kama Sutra* pretendem até abrir uma janela para o divino para os que as usarem corretamente.

O sexo é facilmente disponível nos círculos gays. Você pode encontrá-lo, com o mínimo esforço, em todas as horas e de todas as formas. Praticamente qualquer um pode ir a um bar gay ou área de pegação e conseguir algum tipo de sexo. Mas alívio sexual não é igual a satisfação sexual. Apenas "fazer sexo" não é o mesmo que fazer amor e, embora se apressar para ter um orgasmo rápido e anônimo possa trazer um alívio imediato, é improvável que acrescente muito ao quociente de felicidade de um homem. Séculos de perseguição e estereótipos estragaram a percepção que muitos gays têm de si. Muitas vezes, internalizamos essa visão negativa e sentimos que nossos impulsos sexuais são impuros, indignos e até perversos. Não é de se admirar, então, que muitos gays reagiram contra essa imagem de levar uma vida de excessos, talvez envolvendo centenas de parceiros sexuais por ano. Por toda essa aparente recompensa, uma vida sexual como essa impede muitos homens de sentirem uma conexão humana real com seus parceiros. Isso pode levar ao desenvolvimento do cinismo, do vazio e de um desprezo por si e por aqueles que não lhe dão uma gratificação instantânea, mas que podem, com um pouco de paciência

Acima: Ao longo da história, todas as culturas tinham uma classe rica privilegiada que teve tempo, oportunidade e a inclinação para explorar cada possibilidade da sexualidade.

Acima: Se um homem desenvolveu seu potencial completo como sugere o *Kama Sutra*, a meia idade e a velhice não precisam ser algo a temer.

e encorajamento, dar algo muito mais recompensador.

Encontros casuais e descompromissados podem ser excitantes, mas se ficarem só nisso, inevitavelmente virá o tédio. No fim, os compulsivos sexuais podem ser assolados pela infelicidade e uma sensação de isolamento emocional e, uma vez perdidas as habilidades da conexão emocional, elas não são facilmente recuperadas. Para alguém que leva uma vida de tamanha devassidão, o fim da juventude se torna uma grande crise, o que muitas vezes leva a uma meia idade e velhice solitárias e amargas. Todos desejam a juventude, mas apenas aqueles que investiram em si emocional e espiritualmente também serão recompensados com o amor em uma fase posterior da vida.

Portanto, aqui nos interessa qualidade, não quantidade. Com o aumento da autoestima dos gays, cresce também sua expectativa por melhor qualidade de vida. Embora um parceiro de vida totalmente comprometido possa não ser o ideal para todos, todo homem deve tentar experimentar pelo menos um caso de amor sério antes de morrer.

A integração da nossa sexualidade ao nosso ser completo

A fusão do sexo na totalidade das nossas vidas tem sido, até recentemente, muito difícil para os gays. A expressão sexual para os homossexuais muitas vezes estava completamente separada de todos os outros aspecto da vida. Por causa de sua ilegalidade e o estigma social que atraía, o amor gay foi tradicionalmente cercado de segredo, negação e opressão. Até a última parte do século XX a maioria dos gays estava condenada a nunca encontrar nenhum tipo de amor.

Para os sortudos o suficiente para viver nas cidades grandes, e que eram ousados o suficiente para procurar por ele, havia geralmente um submundo sexual onde algum tipo de vida sexual clandestina poderia ser encontrado.

Mesmo agora, muitos gays permanecem ocultos e furtivos. Eles encontram sexo na pegação em locais públicos sujos e perigosos como banheiros públicos, salas escuras em boates e inferninhos, além de parques públicos. O sexo obtido nessas circunstâncias é, necessariamente, apressado, nervoso e anônimo. Muitas vezes parece um pouco mais do que uma sessão prolongada de masturbação.

Alguns homens que adotam esse tipo de sexo secreto afirmam que ele é excitante simplesmente por ser tão perigoso e, embora eles levem vidas integradas em outros lugares, eles ainda buscam a emoção do contato casual e descompromissado como uma variação.

Embora a pegação e encontros sexuais públicos breves ainda sejam comuns em todas as partes do mundo, algo aconteceu que libertou muitos homens dessa armadilha de alienação da sua própria sexualidade. É a chamada libertação gay.

A história do movimento gay, que é resumida em termos de história da humanidade, foi bem documentada, mas desde a década de 1960, a rebelião dos homossexuais que estavam cansados de mentiras, subterfúgios e falsidade resultou em uma profunda mudança de autoimagem e uma transformação cultural de proporções sísmicas.

Em culturas em que as mulheres são confinadas, pode surgir uma forma de homossexualidade entre homens, mas isso é apenas o alívio da frustração que preferiria encontrar sua expressão na heterossexualidade se ela estivesse disponível. Culturas antigas legitimaram a expressão homossexual em algumas circunstâncias, mas, naqueles tempos, os relacionamentos gays eram restritos

Abaixo: Motivos eróticos eram populares para a decoração de pratos e vasos na Grécia Antiga. Aqui, um homem sentado afaga seu novato. Muitos desses objetos decorados foram destruídos por algumas das culturas sucessoras mais repressoras.

Acima: Em culturas onde as mulheres ficam confinadas e isoladas, homens heterossexuais buscarão alívio sexual com outros homens. Nessas culturas, um desprezo especial é reservado aos homens que se permitem ser penetrados.

e formalizados e, muitas vezes, baseavam-se em costumes como o sistema de mentoria de jovens por homens mais velhos, como existiu na Grécia e na Roma antigas. Alguma espécie de amor podia estar envolvida, mas o conceito de esses relacionamentos serem permanentes, comuns ou uma alternativa ao modelo heterossexual era simplesmente impensável. Quando os jovens nessas parcerias chegavam à idade adulta, eles deveriam se casar e procriar segundo a tradição usual. Seus mentores/amantes já eram casados.

Agora, pela primeira vez na história, é possível pelo menos na cultura ocidental dois homens desfrutarem de um relacionamento que se pretende exclusivo e vitalício. O conceito do "gay" nasceu.

A ideia de uma "orientação" homossexual, ou um estado de espírito que dita que um homem sente atração sexual e impulsos amorosos exclusivamente por membros de seu próprio sexo, era inimaginável até o último século. Agora, é amplamente aceita como uma realidade.

A verdadeira orientação homossexual significa que um homem não só busca seus parceiros sexuais entre outros homens, mas também tenta expressar seu impulso para amar e apreciar da mesma forma. Ele vê um homem como seu parceiro de vida.

No ocidente, dois homens ou duas mulheres podem formar um laço de amor e compromisso e agora podem fazer isso em público, muitas vezes com a aprovação total de seus familiares e amigos e, cada vez mais, em um molde de uma estrutura de parceria sancionada legalmente.

Como a vida gay surgiu de uma subcultura de sigilo, ela desenvolveu-se de uma forma casual, sem regras de comportamento impostas por instituições como as igrejas. As possibilidades de relacionamentos são, portanto, muitas e variadas e não há expectativas preconcebidas sobre como viveremos.

O conceito de um "casamento gay" sancionado legalmente foi introduzindo apenas recentemente, de modo que ainda não há uma expectativa cultural de que participemos dele automaticamente. No presente, é apenas outra opção de um menu de possibilidades às vezes desconcertante.

Casais gays formam uniões de muitos tipos. Alguns ficam juntos por décadas, tentando encontrar a felicidade como uma unidade e também como indivíduos. Outros adotam uma monogamia em série, desfrutando de um relacionamento enquanto ele for proveitoso e partindo para o próximo quando ele deixa de ser. Outros ainda escolhem viver sozinhos e pegarem seus amantes onde os encontrarem.

Abaixo: Em alguns países no Ocidente, os registros de união estável legalizada dão aos casais gays direitos semelhantes àqueles concedidos a homens e mulheres quando casam.

Agora é o momento de abraçar nossas novas oportunidades de felicidade e desafiar as sensações residuais de culpa, vergonha e autodepreciação que ainda afligem muitos de nós. O *Kama Sutra* nos diz para fazermos exatamente isso: nos enaltecermos pelo aprendizado e nos conhecermos pelo amor. A maioria dos homens gays pode agarrar oportunidades sexuais com entusiasmo, mas este livro pretende elevar a experiência a um estágio acima para aqueles que quiserem fazer do sexo uma experiência mais enriquecedora e plena, que esteja totalmente integrada com todo nosso ser.

Ele encorajará alegremente o amor e o sexo, o prazer e a sensualidade, o deleite e o jogo erótico desinibidos no contexto do respeito mútuo e com o objetivo de possibilitar felicidade e orgasmos. Ele também apresentará algumas informações sobre a filosofia do sexo tântrico e, para aqueles que quiserem, aquela janela prometida para o divino.

Como elevar a autoestima

Para superarmos os sentimentos negativos sobre nossa sexualidade, precisamos elevar nossa autoestima sexual. Examinando como a sociedade, a religião, nossos pais e nossos professores nos fizeram sentir mal sobre nossa sexualidade, podemos desafiar nossas dúvidas.

Nós devemos ter certeza de que o que sentimos por outros homens é legítimo, valioso e o caminho para a felicidade pessoal. Para fazermos isso, temos de ver nossa condição gay em uma nova luz, mais positiva.

Às vezes, ao frequentarmos os círculos gays, vemos um comportamento destrutivo que nos faz sentir mal sobre nós mesmos. Já analisamos a forma como alguns homens correm compulsivamente de uma conquista sexual para a seguinte e passam a considerar os outros homens apenas como um meio para um fim.

Mas essa não é toda a verdade sobre ser gay. Podemos escolher não adotar esse estilo de hedonismo que costuma resultar em desilusão, doenças e uma falta de respeito pela humanidade.

Coração aberto, amor saudável

• Permita-nos, a nós que buscamos a felicidade suprema no sexo em vez de uma mera gratificação, decidir mudar a forma como nos vemos e àqueles com quem fazemos amor.

• Deixe-nos buscar nossos modelos positivos, homens que amam a vida, aceitam sua totalidade, respeitam seus semelhantes e veem o ato de fazer amor como um êxtase a saborear e um meio de fundir-se com a humanidade em vez de apenas uma busca por luxúria.

• Permita-nos nos educarmos sobre nossa sexualidade, lendo muito a abundante literatura que se acumulou sobre nossa história, nossa política, nossas lutas e nossos triunfos. Há volumes tranquilizadores que nos dizem que ser gay não é uma tragédia e, apesar dos mitos que enfiaram na nossa cabeça desde a nossa infância, não somos malvados nem perversos por nos sentirmos assim em relação a outros homens.

• Para nos ajudar em nossa busca por relacionamentos de igualdade, devemos nos familiarizar com a teoria da assertividade. Há centenas de livros sobre esse tema e eles trarão alguma análise sobre nosso comportamento e como tratamos os outros. A arte do amor também é a arte da comunicação e a assertividade fornece as ferramentas para trocas mais eficazes e honestas entre as pessoas.

• Deixe-nos tentar um reforço positivo. No fim, a mente aceitará a mensagem que é repetida. Podemos melhorar a forma como pensamos sobre nós mesmos e nossos desejos criando mensagens curtas e edificantes sobre nossa sexualidade e repetindo-as todos os dias. Pode ser, por exemplo: "Ser gay é um aspecto positivo da minha vida"; "eu valorizarei e explorarei minha sexualidade"; ou até "meus desejos amorosos são bons e expressá-los me trará felicidade"; "eu tratarei aqueles com quem faço amor com respeito e compreensão". Devemos até escrever nossas afirmações em pedacinhos de papel e colá-las no espelho para vê-las e repeti-las todos os dias.

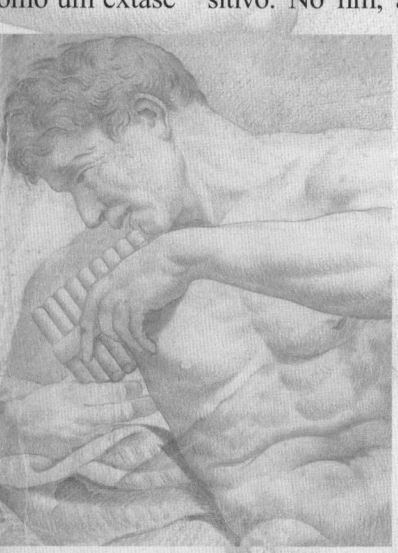

O impulso sexual masculino

Embora nosso objetivo seja a criação de experiências sexuais que gratifiquem não só nossos sentidos, mas também nosso espírito, precisamos ser realistas. Os gays são, antes de tudo, homens e seus impulsos sexuais não serão facilmente controlados. Um homem vigoroso que tenha sido privado da vazão sexual por qualquer período de tempo pode considerar a pressão resultante insuportável. Isso é verdade tanto para gays quanto para héteros. Os cientistas notaram que homens saudáveis que foram privados de sexo muitas vezes têm dificuldade de se concentrar em qualquer outra coisa até encontrarem alívio. Eles ficam mau-humorados, agressivos e distraídos. Nessas circunstâncias, uma atividade sexual lenta e sensual pode dar lugar à variedade mais urgente e violenta. Às vezes a adrenalina para atingir o clímax já basta.

Os homens são mais rápidos em ter uma excitação sexual do que as mulheres e, portanto, quando dois homens estão envolvidos em um encontro sexual, requer disciplina e prática para desacelerar todo o processo. Exploraremos as versões urgentes e prolongadas do sexo e as combinações das duas. Veremos também as formas como os parceiros que estão juntos há muitos anos podem reacender e manter a paixão inicial que sentiram um pelo outro.

Heróis sexuais

Nas imagens que bombardeiam constantemente os gays em propagandas, revistas e na pornografia, o ideal que somos encorajados a aspirar é inconfundível: um corpo jovem, perfeito e proporcional com uma cintura fina e ombros largos, uma musculatura bem desenvolvida e, claro, um pau grande. Um rosto agradável e belo também é necessário para completar o quadro. Apenas uns poucos sortudos podem se encaixar nesse ideal.

Esses padrões de perfeição existem e, às vezes, os vemos caminhando pela rua e suspiramos. Mas homens lindos que podem parecer deuses são apenas humanos como o resto de nós e, embora possam ser desejáveis para o sexo, ou talvez apenas uma fantasia sexual, ainda podem ser seres humanos insuportáveis.

Um belo rosto não é garantia que seu dono seja um amante altruísta ou um companheiro charmoso. Arrogância, insensibilidade e mau hálito não estão reservados aos simples e comuns; e cuidado, interesse e generosidade podem ser cultivados por qualquer um.

Para o sexo fazer sentido a longo prazo, um rosto bonito e um corpo torneado não bastam. Depois que o sexo acaba, você pode querer abraçar seu parceiro com carinho, talvez a noite toda. Será difícil sentir esses estímulos amorosos por alguém que só se preocupa com seus interesses.

Um herói sexual, portanto, pode ter um belo rosto, pode ter uma bunda redondinha e um pênis como o de um cavalo, mas não continuará a ser um herói por muito tempo se não souber como fazer seu amante se sentir desejado e, mais importante, seu semelhante.

Um verdadeiro herói sexual é alguém que ganha seu afeto com simpatia, sejam quais forem seus atributos (ou a falta deles). Um homem que não atrairia um segundo olhar em uma sala lotada pode ter as habilidades de um verdadeiro romântico. Ele pode ser capaz de seduzi-lo apenas com sua voz ou sendo um amante carinhoso e atencioso. Alguém que sente prazer com o seu prazer vale seu peso em rubis.

Há homens de todos os tamanhos e formatos e em vários graus de aptidão física e bem-estar. Todos temos nossas preferências por aquele tipo de homem que nos atrai e excita. Aqui estão alguns dos tipos físicos que você provavelmente encontrará durante sua jornada erótica na vida gay.

Abaixo: O que foi considerado como o físico masculino ideal mudou pouco ao longo dos séculos. Talvez o Davi de Michelangelo ainda seja a versão máxima na arte da beleza masculina.

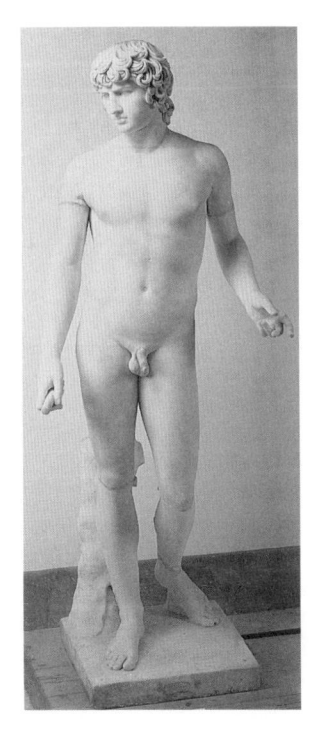

O Urso. Esse homem tem plena consciência da sua virilidade e se orgulha em exibir seus evidentes atributos masculinos. Seu corpo é pesado, atarracado e muito peludo. Seu rosto é largo, com uma mandíbula proeminente e olhos profundos. Ele terá problemas em ficar barbeado por muito tempo e não importa quantas vezes por dia ele se barbear, a barba curta nunca será completamente erradicada. Às vezes ele terá um bigode ou barba.

Essas características inconfundivelmente viris ficarão ainda mais pronunciadas à medida que o Urso amadurece. Ele acentua sua *persona* sexual com a vestimenta, que pode incluir couro ou jeans. Com frequência, ele abre a camisa para exibir um peito largo, coberto de pelo. Suas mãos são grandes e fortes, muitas vezes com calos de um trabalho físico. Seus movimentos são lentos e ritmados e ele se portará com autoconfiança, até mesmo com um toque de arrogância. Por isso é um homem que sabe que é homem e nunca poderia ser confundido com mais nada, mas isso não significa que ele seja incapaz de grande gentileza nos momentos íntimos. De fato, embora os Ursos muitas vezes gostem dos tipos mais pesados de excitação sexual, como S&M ou castigos corporais, muitos também são bem capazes de gentileza e podem até ser passivos em algumas ocasiões.

O Antílope. Antílopes estão em sua melhor forma aos 20 anos, quando a flexibilidade e maciez de seu corpo estão no auge. Eles são constituídos para velocidade e destreza, com músculos leves, mas firmes. Talvez gostem de nadar ou praticar um esporte que dependa de velocidade e reflexos rápidos, como o futebol.

Sua elegância esguia contradiz uma força oculta e eles têm grande resistência. Como amantes serão persistentes e as transas com

Abaixo: Nos homens mais jovens, as características distintas de um tipo físico tendem a ser reconhecidas na hora. No entanto, ao envelhecermos, com as mudanças inevitáveis em nossos corpos, elas podem ser mais difíceis de identificar e devemos aprender a enfatizar nossos outros encantos.

esses homens serão prolongadas e exigentes. Eles estão particularmente adaptados para as posições sexuais mais acrobáticas em que a flexibilidade é importante.

Os antílopes são muito difíceis de se prender, eles vasculharão todos os lugares em busca de aventuras sexuais e novos pastos. Manter relacionamentos longos não é um ponto forte do antílope, de modo que se você compartilhar o prazer com um, então terá de aceitar que ele provavelmente buscará uma diversão diferente em outro lugar.

O Leão. É forte e intimidador fisicamente. Ele é a proverbial torre de força, um Hércules de músculos firmes e enormes. Muitas vezes, esse físico exagerado é obtido em anos de malhação em uma academia, desenvolvendo uma estrutura já forte. Pode se dever também ao uso imprudente de esteroides.

Às vezes esse "homem montanha" é desajeitado, mas seu corpo soberbamente desenvolvido com a promessa de força e vigor extraordinários atrai muita atenção. Em geral, há uma expressão fixa de suspeita e desafio em seu rosto, que alguns podem achar intimidadora. A vida é um assunto sério para o Leão e ele não será lembrado por seu humor.

Assim como o leão das planícies da África, você precisa tratar esse homem com cuidado, pois sua força monstruosa e ferocidade ocasional pode ser usada algum dia para dominá-lo de uma forma que você não vai gostar. Um leão domado, no entanto, pode ser leal e protetor. Ele defenderá seu território e seu parceiro contra todas as ameaças, com uma determinação feroz. Isso pode ser extremamente atraente para algumas pessoas, enquanto para outras seria insuportavelmente limitador.

A Cobra. A figura alta, elegante e magra da Cobra é reconhecida por seu pescoço e membros longos. Sua musculatura é leve e seu corpo não é particularmente bem torneado. Seus ombros, cintura e quadris podem ser estreitos, sua bunda é pequena e, às vezes, achatada, mas isso parece proporcional e adequado.

Um rosto estreito e alongado que carrega um olhar de belo enigma geralmente acompanha seu corpo sinuoso. Você será hipnotizado por seus olhos. Ele é um grande sedutor e sua voz grave é um ótimo recurso para persuadi-lo ir para sua cama. Ele se move devagar, mas com determinação, com movimentos tão hipnotizantes quanto seus olhos. Seu corpo estará preparado até para a proeza sexual mais contorcionista.

O Leopardo. Por toda sua vida, esse homem será jovial, esbelto, leve e com mais do que um toque de androginia em sua constituição física. Na mitologia indiana, a androginia era considerada divina e muitas das divindades são representadas como metade homem e metade mulher. O exemplo mais famoso disso é Shiva, retratado muitas vezes com o lado esquerdo feminino e o direito masculino, em cuja forma é chamado de Ardnarishvara.

O corpo e o rosto do Leopardo não têm pelos ou, se tiver, eles serão suaves e felpudos. Seu rosto será liso e bonito, com olhos grandes e questionadores. Por toda sua inocência, esses olhos lhe falarão sobre a promessa de milhares de prazeres futuros. O Leopardo parece leve demais para ser ameaçador, mas isso é enganoso. Como amante, ele lhe dará todo o prazer da juventude inocente com a profundidade do erotismo de um amante experiente.

Preferências

Esses cinco tipos físicos descrevem os modelos básicos, mas eles vêm em inúmeras variações. Um tipo também pode assumir algumas das características de outro. Alguns homens permitem-se ser desleixados e desenvolvem gordura em vez de músculos, então fica difícil determinar a qual categoria eles pertencem.

Muitos entre nós têm preferências quando se trata do formato e do tamanho dos homens que nos atraem, mas não devemos ficar presos a uma característica em particular. Se nos limitarmos a um tipo específico de homem – talvez ele "deva" ser loiro ou ter um corpo perfeitamente tonificado, ou é "essencial" que ele seja lapidado ou bruto – então estaremos restringindo nossas oportunidades de experiências sexuais carinhosas e enriquecedoras.

Abaixo: Na Grécia Antiga, os artistas retratavam os atletas com genitália pequena; ela era considerada mais agradável esteticamente. Porém, na vida real, o falo maior ainda era altamente prestigiado.

É bom ficar excitado com partes específicas do corpo, mas devemos tentar evitar uma visão tão limitada, pois ela exclui outros prazeres.

Muitos gays passam bastante tempo na academia desenvolvendo e aperfeiçoando seu corpo. Vatsyayana, como vimos, encoraja esse trabalho corporal como uma das virtudes que compõem o todo. Mas ele recomenda moderação, pois a aquisição da beleza corporal é só um aspecto de ser um amante perfeito. As outras virtudes também devem ser desenvolvidas para manter o importantíssimo equilíbrio. Ser jovem, bonito e bem proporcionado, com certeza, facilitará as conquistas sexuais, mas esse não é nosso único propósito. A união sexual deve ter um propósito mais sublime do que a mera gratificação.

Sexo seguro e camisinhas

O coito anal é o ato sexual com a maior probabilidade de transmissão do HIV e, portanto, é essencial que se use camisinha em todas as relações. Essa é uma das únicas formas conhecidas, além de se abster dessa atividade e encontrar alternativas, para prevenir a transmissão do HIV.

A única ocasião em que é aceitável não usar camisinhas é quando você penetrar ou for penetrado por um parceiro de longa data de cuja condição de saúde você tem absoluta segurança (e que seja HIV-negativo, como você). Em todas as outras vezes, a camisinha é essencial.

Algumas pessoas veem as camisinhas como um incômodo e uma restrição. Elas dizem que ela tira a espontaneidade do ato e diminui a sensibilidade. Mas essas reservas podem ser amplamente superadas. Faça das camisinhas uma parte excitante de suas preliminares, erotizando-as e as usando quase como um meio de promover seu culto ao *lingam*.

Faça a cortesia de ajudar seu parceiro a pôr a camisinha e passe lubrificante nele com carinho em preparação para a consumação do seu amor. Mas tome o cuidado de não deixar entrar na camisinha, para ela não escorregar durante o sexo.

Não despreze a camisinha nem se deixe levar pelo papo daqueles que dizem que ela não é importante ou que o sexo fica "melhor sem ela", pois a camisinha é sua única defesa contra uma doença que mudará sua vida, e não para melhor. Não seja seduzido pela ideia de que os novos medicamentos disponíveis são uma cura para a infecção por HIV; eles não são. Eles simplesmente mantêm o vírus sob controle pelo tempo que continuar a tomá-los. Mas o regime rígido envolvido no uso dessas terapias pode ser complicado e árduo, exigindo uma disciplina que poucos podem manter o tempo todo. Viajar, dormir tarde ou qualquer outra mudança na sua rotina habitual pode resultar em uma interrupção do regime e enfraquecer a eficácia dos medicamentos.

Abaixo: Às vezes um amante demora para ter ereção e precisa ser instigado e persuadido. Um amante habilidoso, no fim, conseguirá despertar o ardor de seu pretendente, por mais indiferente que ele estivesse no início.

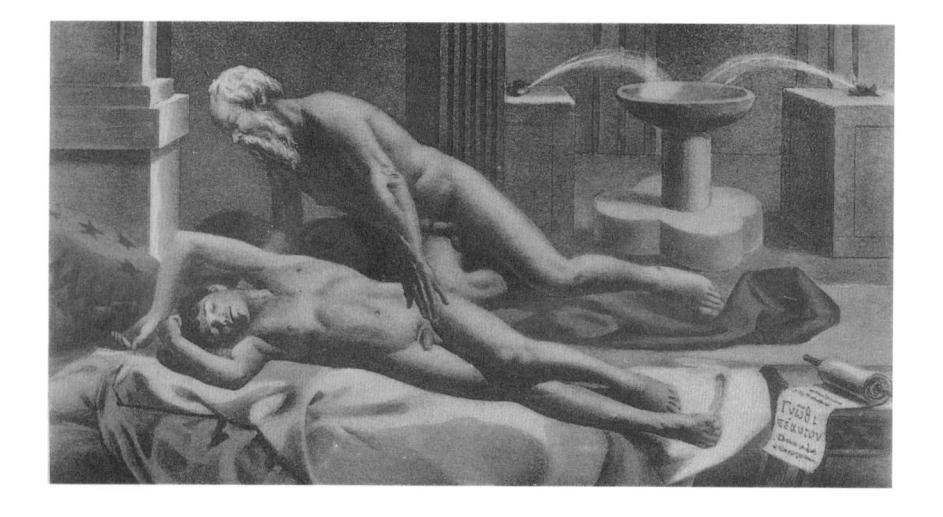

A Arte do Amor Masculino 41

Os regimes de medicação anti-HIV interferem com a vida normal e, às vezes, as drogas, por mais maravilhosas elas sejam, têm efeitos colaterais indesejáveis e desagradáveis, como a lipodistrofia ou emaciamento quando a gordura corporal desaparece do rosto e do bumbum.

Acima: Camisinhas, agora uma parte essencial da vida gay, são a única proteção conhecida contra a infecção por HIV e devem ser usadas todas as vezes durante o sexo com penetração.

Você pode achar que transar sem camisinha é uma luta pela liberdade e espontaneidade, mas essa liberdade chega com um preço: uma sentença de prisão perpétua a ingestão de comprimidos e ansiedade com cada infecção e doença que você contrair. Cada resfriado ou erupção de pele pode anunciar o desenvolvimento da AIDS e isso pode significar o início do fim.

O tratamento com coquetéis não tem uma garantia de funcionar para sempre, nem mesmo se pode garantir que eles estarão disponíveis para sempre. O organismo pode ficar imune às drogas e então outro regime precisa ser iniciado. As drogas podem ser tóxicas por si só, envenenando o corpo aos poucos durante um período e encurtando sua vida.

Para evitar as consequências perturbadoras e estressantes da infecção por HIV, aprenda as regras do sexo seguro e eduque-se para aplicá-las em todos os momentos da sua vida amorosa. Lembre-se que, provavelmente, você ficará irresponsável sob a influência de álcool ou drogas ilegais; portanto, faça seus preparos antes de sair para uma busca erótica. Sempre leve camisinhas consigo e um pouco de lubrificante. Não deixe a responsabilidade para seu parceiro.

Seja assertivo na sua vida amorosa. Nunca se deixe seduzir por aqueles que querem fazer penetração sexual sem proteção. Você é um parceiro em igualdade em qualquer encontro e é tão responsável quanto ele em garantir que o HIV não se torne uma parte dominante da sua vida.

Se já tiver sido infectado pelo HIV, você tem o ônus específico de garantir que não o transmita. Comporte-se com responsabilidade com seus amantes. Desencoraje o descuido quando o vir e sempre, sempre use camisinha se estiver planejando penetração anal.

Ser soropositivo não precisa significar o fim da sua vida erótica, mas se você ama e respeita aqueles com quem faz amor, então vai querer poupá-los da infecção.

Há muitas e variadas formas de desfrutar uma experiência sexual que não envolvam a penetração anal e você deve explorá-las ao máximo. Mas deve-se aceitar que o sexo anal tem um significado especial e cria uma intimidade única para muitos homens gays. Portanto, garanta que as camisinhas sejam usadas todas as vezes que penetrar seu parceiro.

E lembre-se, há mais de uma linhagem desse vírus. Se você já tiver uma, não se abra para outra imaginando que, por ser soropositivo, não importa mais se você faz sexo seguro com outros soropositivos.

As organizações de apoio a HIV e AIDS podem ser facilmente localizadas pela mídia gay e linhas de ajuda. Elas produzem folhetos informativos trazendo as últimas informações sobre sexo seguro. Se não tiver certeza, arme-se de conhecimento decida colocar esse conhecimento em prática.

Pesquisas demonstram que as taxas de HIV entre homens os gays estão começando a aumentar de novo, principalmente naqueles com menos de 25 anos. Isso indica que eles desconsideram a mensagem do sexo seguro. Mas se você for um gay que busca a felicidade e a plenitude que exploramos neste livro, não se juntará a esse crescente bando de jovens imprudentes que correm o risco de ter

Acima: Fica evidente pelos artefatos históricos que em muitas culturas a penetração era vista como o resultado provável de um encontro sexual gay. Hoje, no entanto, há muitas formas alternativas de atos sexuais que reduzirão o risco de infecção por HIV.

44 Sobre Ser Gay

uma vida reduzida e desagradável correndo riscos tolos. Seu cuidado com sua saúde será combinado por sua preocupação com a saúde de seus amantes. O *barebacking* (termo em inglês que define o sexo anal sem proteção) não serve para os gays com amor próprio, apenas para idiotas e suicidas.

Página oposta: O poder do corpo masculino, exibido com uma musculatura bem definida, inspirou artistas, gays e héteros, ao longo da história. Essa imagem de costas largas evoca uma sensação veemente de vigor e força.

Familiarize-se com as camisinhas, brinque e masturbe-se com elas para se acostumar com a sensação. Use-as dentro do prazo de validade e compre sempre de uma fabricante bem-conceituado.

Para garantir que a camisinha caiba direito, sempre espere até sua ereção estar completa antes de colocar. Então, segurando a ponta da camisinha entre o indicador e o polegar, tire o ar para deixar espaço para o sêmen e a desenrole até a base do seu pinto com a outra mão.

Depois de ejacular, tire com cuidado seu pênis ainda duro e segure a base da camisinha para ela não escorregar. Se for jogá-la na privada, enrole-a em um papel para dar descarga mais facilmente.

Camisinhas com bolinhas, pontinhos, ondulações e outras texturas ("estimuladoras" como às vezes são chamadas) podem parecer tentadoras, mas costumam ter má qualidade. Resista. Além disso, não compre daquele tipo impregnado com espermicida, pois demonstrou-se que ela pode aumentar o risco de transmissão do HIV.

As camisinhas não oferecem 100% de proteção do HIV. Elas podem estourar, vazar e escorregar durante as relações, mas, além da abstinência completa de penetração, elas são a melhor proteção que temos no momento. Elas não só servem de escudo contra o HIV, como também contra outras doenças sexualmente transmissíveis, como sífilis, herpes e gonorreia, sobre as quais falaremos mais tarde com mais detalhes.

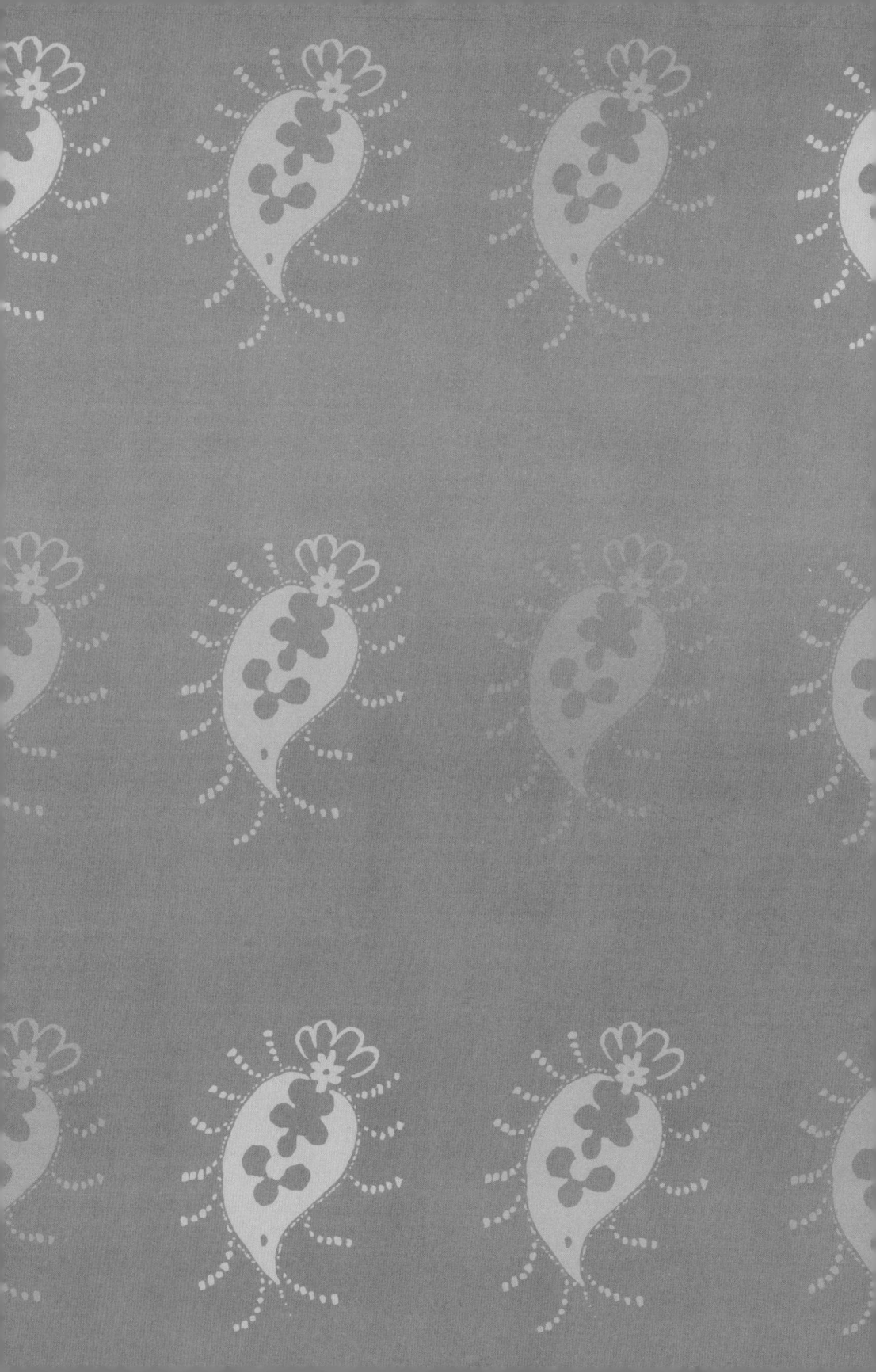

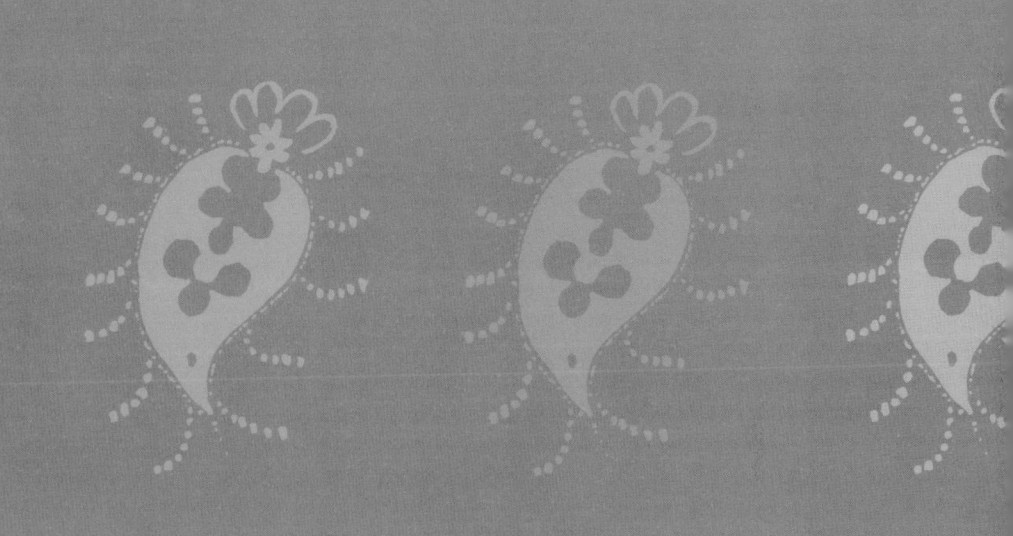

Capítulo 2
Sobre como se Preparar para o Amor

Sedução e Preliminares

Conhecer o funcionamento do seu próprio corpo o ajudará a dar prazer para seu amante. E ter familiaridade com as malícias da sedução e das preliminares garantirá que você e seu parceiro tirarão o máximo prazer do seu encontro.

Partes do corpo masculino

Pênis

No sexo gay, embora possamos tirar prazer de outras partes do corpo, todo o culto é direcionado ao *lingam*. Shiva, o mais popular de todos os deuses hindus, foi cultuado tradicionalmente primeiro na forma do *lingam*. No ritual mais comum, leite é derramado sobre a ponta do membro e desce por todos os lados.

Embora nosso *lingam* seja o foco de muita energia, o Tantra nos diz que o sexo focado exclusivamente nos genitais e na busca pelo orgasmo não será o mais satisfatório.

Fazer amor deve ser uma experiência de corpo inteiro e o ideal é que empregue a mente e o espírito para criar um círculo perfeito de energia divina que estimulará nosso relacionamento.

Acima: O cabo desta *kris* – ou adaga – indonésia mostra como o falo é venerado e representado na arte em todas as culturas do mundo.

Página oposta: Estudo de Cástor e Pólux, os gêmeos mitológicos, de Poussin, proporciona, mais uma vez, uma oportunidade para um retrato alegre da forma masculina em toda sua vitalidade jovial.

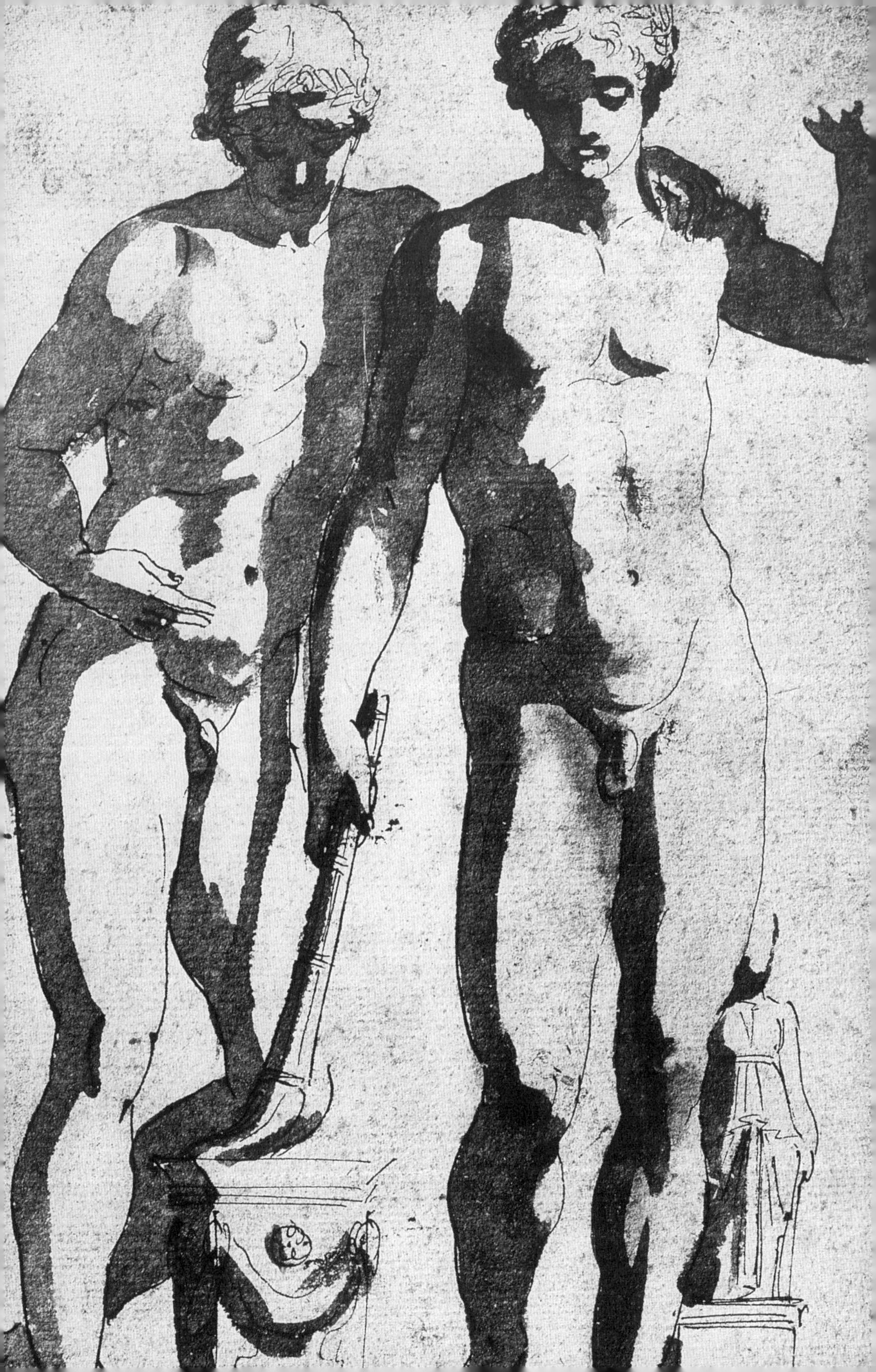

Direita: Esse afresco de um fauno foi encontrado na cidade romana de Pompeia. Na mitologia romana, os faunos eram divindades rurais famosas por sua voracidade sexual, e que tocavam a flauta, claro.

Em alguns encontros sexuais, pode haver um suspense delicioso antes de ser feito o contato com os genitais, mas, em muitos exemplos, para os gays, o *lingam* será a primeira escala. Esse é o momento que foi muito ansiado e poucos podem resistir a agarrar o dom mais precioso e privado do parceiro, uma vez que fica claro que está acontecendo um encontro sexual.

Em geral, uma preliminar prolongada, em que o contato com o genital é adiado para aumentar a excitação, é reservada para transas mais relaxadas e longas com amantes experientes.

É claro que há muitas fontes de prazer sexual no corpo – as zonas erógenas –, mas o falo é a mais desejada e a vontade de tocá-lo e acariciá-lo será irresistível.

Existem pênis de muitas formas e tamanhos, além de cores. O *Kama Sutra* os categoriza de acordo com o tamanho, como "O Cavalo", "O Touro" e "A Lebre". É claro que há infinitas variações de tamanho e as três categorias são apenas uma referência aproximada.

Ajuda saber como o pênis é constituído e como funciona. O pênis (palavra latina que significa "cauda") é um órgão complicado, consistindo de três cilindros esponjosos cercando o tubo uretral (pelo qual passam a urina e o sêmen). Quando estimulado, o tecido esponjoso do pênis fica inchado com sangue, deixando-o duro e ereto. Os músculos poderosos na base impedem um fluxo de sangue reverso e ajudam a manter a ereção pelo tempo necessário.

Em muitos casos, a cabeça do pênis, ou glande, é recoberta pelo prepúcio. Em alguns homens circuncidados o prepúcio é muito longo, mas em outros é bem curto. Os dois tipos, e todos entre um e outro, são perfeitamente normais. A parte inferior da glande é onde ficam as terminações nervosas que proporcionam prazer e, portanto, ela deve receber muita atenção durante o sexo oral.

O prepúcio pode ser mexido para trás e para frente sobre a cabeça do pênis quando está em um estado relaxado. Se não puder, então um problema chamado fimose pode estar presente. Se a fimose for um problema para você, não tente forçar o prepúcio acima da glande, se ele resistir –, pode ser difícil trazê-lo de volta de novo, causando uma doença chamada parafimose, que pode precisar de cirurgia. Se um prepúcio apertado for um problema, você deve considerar a circuncisão, embora, antes do procedimento, deva discutir todas as implicações dela com seu médico.

Alguns pênis têm uma curvatura, que pode ser bem pronunciada. Isso é natural, não precisa se preocupar com isso na maioria dos casos. Se a curvatura for acentuada, no entanto, pode indicar a doença de Peyronie, cujos sintomas incluem dor quando o pênis está ereto e uma área endurecida causada por um tecido fibroso deformando o membro.

Abaixo: Príapo foi o deus romano dos jardins, dos vitivinicultores e dos marinheiros. Em geral, ele é retratado – como pode ser visto aqui – com um enorme pênis ereto.

Muitos homens ficam ansiosos com o tamanho de seu pênis, considerando-o "pequeno demais". Mas se seu pau for menor do que a média (cerca de 15 centímetros quando ereto), não significa que ele seja inferior do ponto de vista de obter ou dar prazer. Todos os pênis, sejam quais forem os tamanhos, têm o mesmo número de terminações nervosas e, portanto, o potencial para o prazer é igual, sejam eles pequenos ou grandes.

Nos Estados Unidos, pesquisadores mediram os pênis flácidos (não eretos) de 7.239 homens. O maior no estudo tinha 13 centímetros a partir da base, o menor tinha 6 centímetros e a média ficou em pouco menos de 10 centímetros. Os pesquisadores constataram que os menores pênis eram capazes de maior expansão.

Não há dúvida que a mídia gay e a pornografia glorificam e enfatizam demais o pênis e isso encorajou alguns homens a se tornarem neuróticos com o tamanho dos seus. Somos constantemente bombardeados por fotos de homens com sungas e cuecas com protuberâncias fantásticas e vemos filmes pornôs com homens de proporções extraordinárias. Isso pode nos deixar com inveja e inadequados. Mas devemos nos lembrar de que os atores desses filmes são escolhidos por não serem medianos. Eles estão lá para realizar uma fantasia.

Não só o tamanho do pênis varia muito, como também todos os outros aspectos de sua aparência. Pênis circuncidados podem parecer muito diferentes dos não circuncidados: alguns são macios e sedosos enquanto outros têm veias protuberantes; alguns são rosa, outros são marrom; outros ainda possuem uma combinação de várias cores, pálidos na haste e com a cabeça em um vermelho pálido com veias azuis muito proeminentes; alguns são longos, finos e têm o formato de um charuto; outros são grossos e troncudos com um "calombo" pronunciado na ponta.

Esquerda: Príapo foi um deus muito popular entre os romanos, que colocavam sua imagem – completa com seu falo monstruoso – em seus jardins para estimular a fartura. Essa versão é parte de um afresco de Pompeia.

Quando você estiver se preparando para um primeiro encontro sexual com um novo amante, há uma ansiedade gloriosa sobre como ele será. Ele pode ser tanto um Cavalo como uma Lebre, mas é importante que não o julguemos apenas por seu pênis. Agradeça se ele for um Cavalo, mas não o maltrate se ele for uma Lebre. Quem sabe quais outros deleites eróticos ele pode ter em seu repertório?

Lembre-se, nosso objetivo é aumentar ao máximo o prazer de nossos contatos sexuais, e isso não será feito julgando seu parceiro potencial seu semelhante – apenas pelo tamanho do pênis. Fazer assim seria criar uma separação entre ambos e você jamais atingiria o clímax do prazer que atingiria se tivesse escolhido tratar todos os seres humanos com respeito e igualdade.

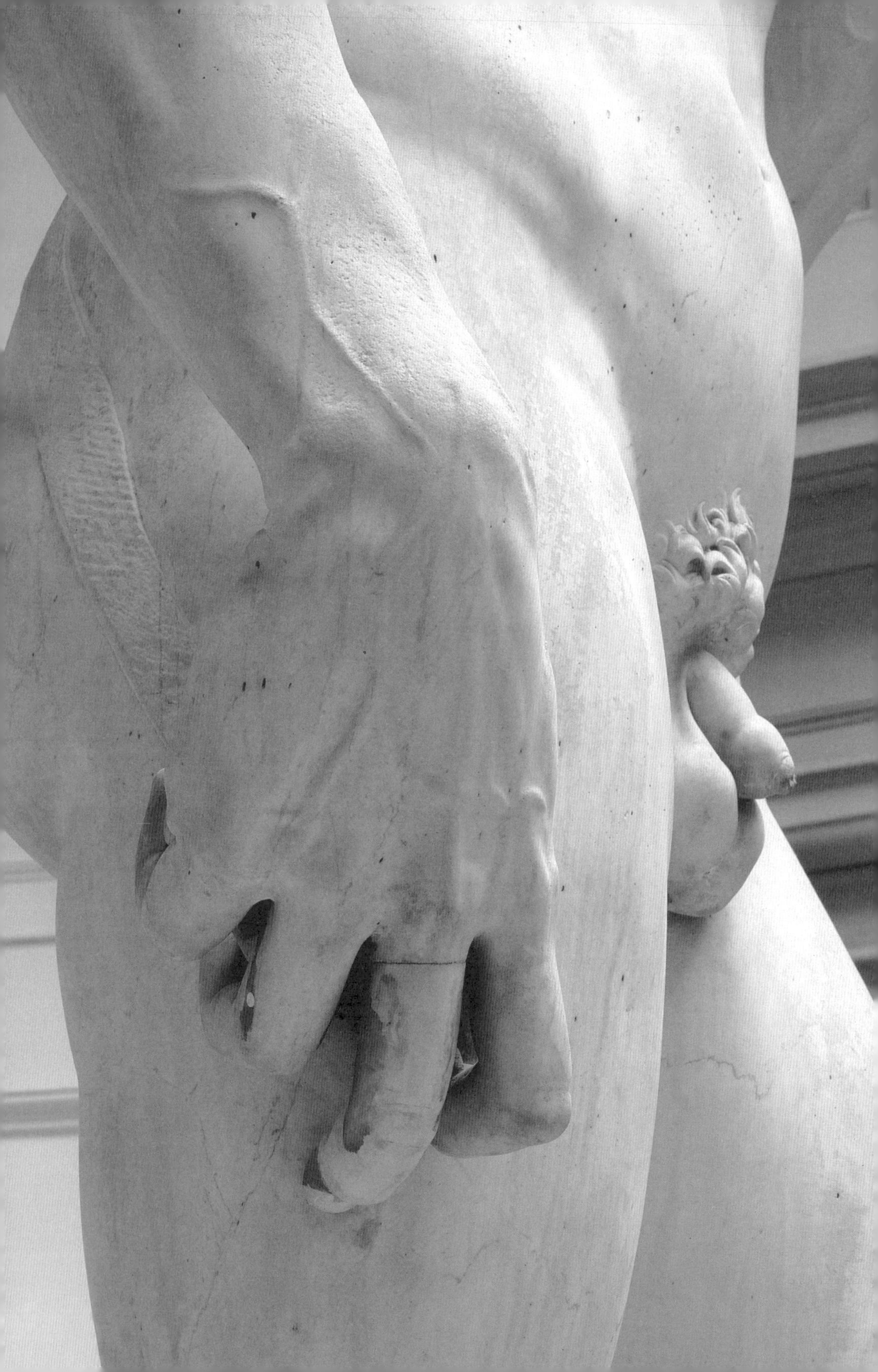

Então, temos aqui a primeira regra do amor transcendental: dê ao seu parceiro o respeito que todo ser humano seu semelhante merece. Não o humilhe nem o julgue por seus atributos físicos ou sua falta de conhecimento ou experiência.

Se puder introduzir esse conceito no seu encontro e deixar para trás a vontade de desprezar e zombar do outro, então verá que aumenta a possibilidade de algo especial acontecer. Seu parceiro provavelmente responderá de uma forma positiva e assim vocês dois podem chegar ao auge do êxtase que seria impossível se um de vocês tratasse o outro com desprezo e desdém.

Página oposta: O tamanho e o formato da genitália masculina variam muito de um indivíduo para outro. Preocupar-se com o que é "normal" cria muita ansiedade desnecessária entre os homens, levando às vezes a dificuldades de desempenho.

As bolas

Os testículos ou bolas (chamados de *jaghanabbag* no *Kama Sutra*) são uma característica sexual primária e, portanto, uma parte importante da experiência erótica. Um belo par de bolas, contidas em seu saco escrotal, pode proporcionar uma visão atraente. Como o pênis, elas vêm em muitas variedades. Algumas são pequenas e próximas ao corpo, outras são pesadas e ficam penduradas embaixo, balançando atrativamente quando liberadas pelas estocadas pélvicas. Em geral, a esquerda é um pouco maior do que a direita e fica pendurada mais para baixo (o oposto vale para os homens canhotos). Em geral, o saco escrotal é peludo.

A função principal dos testículos é fabricar esperma e o hormônio testosterona, responsável por muitas das características sexuais do corpo masculino. Seu propósito secundário é intensificar o prazer durante o sexo.

Os *jaghanabbaga* são sensíveis e a manipulação deles durante o sexo pode dar muito prazer. Roçar os dedos, lamber, chupar e segurá-los com as mãos serão experiências prazerosas para os dois parceiros.

Muitos homens acham seus testículos sensíveis demais. Eles se encolhem involuntariamente se alguém faz movimentos repentinos para agarrá-los, por isso é importante, especialmente com um novo parceiro, sempre avisar, falando ou por gestos, que você pretende acariciar seus *jaghanabbaga*.

Quando seu parceiro passar a confiar em você, ele lhe dará acesso irrestrito a essa área de muito prazer e sua hesitação parará. Alguns homens têm uma tolerância maior à manipulação mais forte das bolas do que outros. Aumente a força do seu aperto gradativamente para descobrir a tolerância de seu parceiro. Sempre relaxe a pegada se ele mostrar algum sinal de dor, desconforto ou ansiedade.

O prazer de lamber e chupar as bolas pode ser intensificado segurando um cubo de gelo na sua boca ou usando as bolinhas de champanhe como estímulo. Coloque um pouquinho de pasta de dente na sua língua, lamba as bolas e depois assopre-as para um efeito refrescante.

O Ânus

Esta é outra fonte primária de prazer para os gays. Bumbuns redondos e arrebitados são muito apreciados entre homens que amam homens, embora também haja fãs de um traseiro menor, mais achatado e menos bem desenvolvido. Acariciar, massagear e apertar o bumbum são prelúdios importantes para as explorações mais íntimas que virão logo a seguir.

O ânus é considerado uma fonte de energia divina no sexo tântrico e não deve ser evitado por ser uma fonte de prazer profundo. Contém muitas terminações nervosas e responde bem à massagem com os dedos. Muitas vezes essas massagens são a abertura da penetração e o dedo deve ser lubrificado com um creme leve ou geleia para a inserção no ânus ser mais fácil.

O músculo esfíncter, que cerca o ânus, é forte e, às vezes, resistente. Passar por ele pode causar dor no início, por isso é importante o ativo ter percepção das reações do seu parceiro. Se houver qualquer indicação de desconforto, pergunte gentilmente se você o está machucando. Então, depois de acalmá-lo, comece de novo, massageando a parte externa do ânus, relaxando-o gradativamente antes de tentar de novo.

Para inserir seus dedos no ânus é essencial que suas unhas estejam bem cortadas e lisas. Unhas afiadas ou pontudas podem ferir o revestimento delicado do ânus. Tire os anéis com pontas afiadas.

Se você for o passivo, poderá, com a prática, ensinar-se a relaxar o esfíncter, tornando assim toda a experiência indolor e prazerosa.

Você faz isso concentrando-se totalmente no seu ânus, fechando os olhos e direcionando toda sua atenção à área que seu parceiro está explorando com os dedos. Faça um esforço consciente para relaxar seu traseiro e depois para relaxar o esfíncter. Você tem mais controle sobre ele do que imagina.

Se for inexperiente, você pode precisar de várias tentativas antes de permitir a penetração sem dor, mas se perseverar, verá que em algum momento o dedo deslizará facilmente e seu parceiro lhe dará prazer quando fizer um suave movimento de vai vém. Logo ele conseguirá inserir dois ou até três dedos. Alguns homens inserem até toda a mão e o antebraço (uma prática conhecida como *fisting*), mas essa é uma atividade perigosa a ser evitada por aqueles que valorizam sua saúde.

Depois de dar prazer a você e para ele mesmo com os dedos, seu amante pode passar para a penetração com o seu *lingam*, que, agora que o

Direita: Neste estudo delicado, pintado em uma taça pelo artista grego Euergides, está escrito "o menino, sim, o menino era lindo". Ele ilustra a admiração descarada dos gregos por homens bonitos.

esfíncter está relaxado, entrará com maior facilidade. Quando tiver conseguido inserir seu pênis sem causar dor ou incômodo para você, os prazeres potenciais desse ato são infinitos.

Nós analisaremos as muitas posições que podem ser aproveitadas em um ato sexual mais tarde, mas, enquanto isso, você deve saber algo sobre a anatomia do ânus e do reto e como mantê-la e protegê-la.

Sua função mais importante, claro, é a evacuação de resíduos do organismo, por isso é importante manter um asseio sempre que o ânus for usado para propósitos sexuais. Alguns homens gostam de fazer uma ducha anal antes do sexo, o que simplesmente significa esguichar água morna no reto cerca de uma hora antes de iniciar as atividades sexuais que planejou. Isso ajuda a evacuar todos os resíduos, depois do que você pode tomar um banho e lavar bem a área. Com isso você apresenta ao seu parceiro um orifício imaculado, o que dará muito mais prazer e satisfação. Kits para duchas anais ou lavagens intestinais podem ser obtidos em farmácias, sex shops e na Internet.

A ducha higiênica é algo que deve ser reservado a ocasiões especiais e não feita com regularidade. A flora bacteriana no reto e no cólon tem um equilíbrio delicado e duchas frequentes podem acabar perturbando esse equilíbrio, resultando em problemas de saúde. Por isso, tente usar apenas água, um pouco morna, para conseguir o efeito. Adicione um sabonete neutro em pequenas quantidades apenas se a água não funcionar.

Um ânus asseado deve conter poucos perigos, mas se não for limpo corretamente existe a possibilidade de infecção. As hepatites A, B e C podem passar por essa via, além de várias outras doenças parasitárias. Talvez seja aconselhável reservar seus prazeres anais para quem você conhece bem e de cuja condição de saúde você tem certeza. Senão, deverá usar a proteção adequada o tempo todo. O uso de luvas de látex cirúrgicas descartáveis provou-se satisfatório durante a estimulação com o dedo, permitindo o máximo de sensação com o mínimo de perigo e restrição.

O *anilingus*, ou beijo grego, é outro ato que muitos acham atraente e prazeroso. Significa lamber e beijar o ânus de seu amante. Nem precisa dizer que é necessário ter a higiene mais absoluta se você praticar essa atividade.

Abaixo: No sexo gay, o ânus é um foco primário de prazer. O *anilingus* (contato oral-anal) é popular entre muitos gays e pode ser desfrutado em muitas posições diferentes.

É necessário ter lubrificação suficiente quando está envolvida a penetração do ânus. Também é essencial que as camisinhas sejam usadas todas as vezes na penetração anal pelo pênis, a menos que esteja com um parceiro fixo de cuja condição de saúde você tem certeza. Use um lubrificante à base de água com as camisinhas, pois os lubrificantes à base de óleo logo dissolverão o látex. (Trataremos do sexo seguro em mais detalhes depois.)

Mais para dentro do ânus fica a próstata, um órgão no formato de uma castanha que fica embaixo da bexiga, na frente do reto. A próstata fabrica o fluido seminal, que transporta o esperma quando acontece a ejaculação. Ela também é muito sensível ao toque e estimulá-la manualmente pode proporcionar grande prazer. Parceiros experientes sabem onde fica a próstata e podem usar seus dedos para massageá-la. Para chegar lá, deslize um dedo lubrificado, envolto em camisinha ou em uma luva cirúrgica, cerca de 5 centímetros para dentro do seu reto. Mova a ponta do dedo na direção do umbigo até chegar a uma saliência. É aí, mas toque com cuidado e suavidade, não cutuque nem arranhe. Você pode notar seu pênis reagindo com espasmos. Às vezes, essa massagem suave é o suficiente para criar um orgasmo. A próstata é chamada de ponto-G masculino, e por boas razões.

Veias intumescidas chamadas hemorroidas, que são muito dolorosas, podem afetar o ânus. Quem sofre com essa enfermidade deve ser aconselhado a colocar a ênfase do ato sexual em outras partes do corpo.

Os mamilos

Como muitos homens têm mamilos extremamente sensíveis, portanto, dê atenção total a eles a eles durante o ato. Alguns homens imaginam que há um nervo ligando os mamilos à glande do pênis, pois quando seus mamilos são estimulados, os homens sentem sensações na outra extremidade.

Os mamilos podem ser lambidos, chupados, mordiscados, beliscados, esfregados com o dedo ou o *lingam* e, às vezes, apertados firme com um brinquedo erótico chamado grampo de mamilos. Cada homem reage de um jeito à brincadeira com os mamilos. Alguns gostam de apertões fortes, enquanto outros têm uma sensibilidade extrema e preferem um estímulo mais suave e sutil.

Em alguns homens, os mamilos podem ficar bem duros e eretos quando estimulados, ao passo que em outros eles continuarão rentes, mas ainda sensíveis. Colocar *piercing* nos mamilos também é popular.

Outras zonas erógenas

Há muitas outras zonas erógenas no corpo que reagem bem às manipulações delicadas (e as não tão delicadas) de um parceiro. Os pés são atraentes para alguns homens e é comum lamber o dedão. Sapatos e meias excitam outros. Beijar, morder e arranhar várias partes sensíveis da anatomia é essencial no ato sexual. Depois veremos em mais detalhes o que o *Kama Sutra* sugere.

Acima: Os mamilos dos homens são muito sensíveis e podem desempenhar um grande papel em obter e dar prazer sexual. O amante gay experiente dará muita atenção carinhosa aos mamilos de seu parceiro, chupando, lambendo e mordiscando.

Linguagem corporal

Uma das artes que Vatsyayana recomenda que o homem polido estude é a linguagem corporal. Ou seja, a leitura de mensagens e desejos tácitos pelos gestos, posturas e expressões faciais do objeto de desejo.

A psicologia moderna refinou bem a compreensão dessa linguagem e, com um pouco de conhecimento dessas habilidades, é possível ter informações sobre as motivações, os humores e as intenções das pessoas, além de sua honestidade, observando com atenção seus sinais não verbais.

Muito da linguagem corporal sexual parece se aplicar principalmente às interações de homens e mulheres, mas há alguns sinais que se aplicam facilmente aos homens. Os sinais que os gays trocam quando se conhecem e sentem uma flecha de desejo erótico passar entre eles costumam ser mais diretos.

Em bares e boates gays, há menos necessidade de ler a linguagem corporal. Como todos sabem que o outro é um parceiro potencial, ser direto é a ordem do dia e encará-lo de uma forma que em outros contextos seria considerado intimidadora ou lasciva é permitido. Espera-se abordagens claras e diretas a um parceiro sexual potencial.

Mas se estiver em um ambiente não gay – digamos em uma festa organizada por um amigo hétero –, geralmente você terá de ser mais circunspecto em suas abordagens. Se conhecer alguém que acha atraente, mas não tem certeza sobre sua sexualidade ou receptividade, pode tentar ler os sinais não verbais que ele transmite.

Ficar perto de alguém (invadindo seu espaço pessoal) é um sinal de um desejo de maior intimidade. Então, se o objeto de sua admiração está batendo papo com você e ele se aproxima alguns centímetros, diminuindo a distância entre vocês a, digamos, mais ou menos meio metro ou menos, é seguro presumir que ele gostaria de ficar mais próximo.

Você pode tentar a manobra ao contrário: pode se aproximar. Caso ele se afaste ao mesmo tempo, para manter a distância entre vocês, então ele está sinalizando que não aceita bem a sua intimidade.

O contato visual é um sinal que todos entendemos. Se os dois mantiverem contato visual por mais de alguns segundos (principalmente se não estiverem conversando no momento), então esse é um sinal potencial de que vocês estão no caminho certo. Quando você quebrar o contato, olhe para baixo, rápido e discretamente, para a virilha dele. Isso lhe indicará quais são suas intenções. Observe com cuidado para ver se ele olha para a sua virilha em algum ponto durante a conversa.

Acima: Aprender a ler sinais e gestos não verbais é uma habilidade essencial que todos os amantes em potencial devem possuir. Vatsyayana reconheceu há 2.500 anos que dominar a linguagem corporal ajudava na arte da sedução.

Ação espelhada é outra boa forma de saber se você está impressionando. Se os dois estiverem bebendo, por exemplo, ele tomará um gole do copo dele ao mesmo tempo que você tomar do seu. Se estiverem sentados e você cruzar suas pernas, ele cruzará as dele. Quando estiverem de pé lado a lado, ele inclinará o corpo em sua direção. O termo técnico para esse comportamento é "estabelecer confiança".

Alguns sinais sugerirão que você não está fazendo progresso (por ele ser hétero ou não achá-lo atraente). Se ele olha sempre sobre seu ombro enquanto você conversa com ele, se inclina para longe de você ou cruza os braços, cruza as pernas para se distanciar de você ou mantém uma distância de mais de meio metro de você, ele não está interessado. Se ele disser "sim" para tudo, mas acompanhar a afirmação com um leve menear da cabeça, ele pode não estar sendo sincero. Cobrir a boca com as mãos é outro sinal negativo.

Há também sinais positivos para procurar. Se ele tocar nos seus lábios logo depois de conhecê-lo, está sinalizando um interesse sexual, juntamente com uma ansiedade sobre uma possível rejeição. Se ele, de repente, se afasta e olha para a distância, ele está inconscientemente retrocedendo para testar se você vai atrás. Continue a flertar, mesmo se ele parecer retraído. Verifique também se há dilatação nas pupilas dos olhos deles. Quanto maiores elas ficarem, mais excitado ele está.

O sorriso é um sinal universal de reconforto e afabilidade. Mas ele vem em uma variedade enorme de estilos e os seres humanos são ensinados desde a infância a ler as diferenças sutis. Então, a menos que você seja um bom ator, não force seus sorrisos – a falta de sinceridade deles será óbvia para todos, exceto os mais insensíveis.

Sedução e Preliminares **65**

Há muitos outros sinais a analisar e seria bom para você ler um livro sobre eles. Um homem que consegue interpretar a linguagem corporal e usá-la para enviar sinais inconscientes, terá uma vantagem nítida em se tratando de detectar amantes.

Toques

Em se tratando de prazer erótico, o tato é um dos sentidos mais importantes. Quando há a promessa de um encontro, o primeiro toque pode ser apenas esbarrar em alguém, como se por acidente – ou pode ser um aperto no braço, que oferece reconforto e amizade.

Andar de mãos dadas é algo que todos os amantes fazem e o primeiro toque das mãos de parceiros em potencial pode ser bem excitante.

Abaixo: O Kama Sutra encoraja o gozo dos cinco sentidos durante o ato de fazer amor. A exploração e a estimulação de todas as zonas erógenas com as mãos podem levar a paixão a novas alturas.

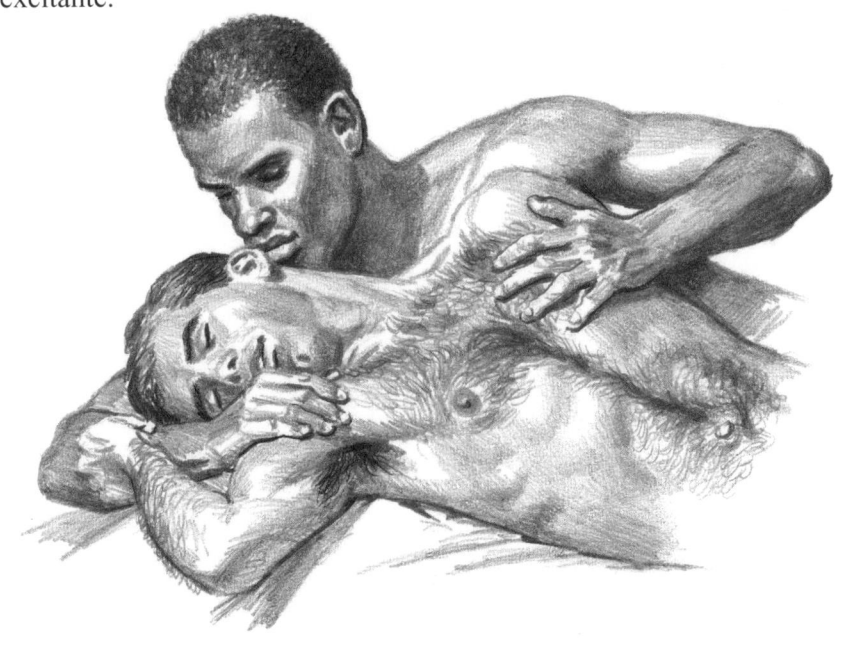

Se os primeiros toques forem carícias suaves, talvez no dorso da mão ou na palma, os amantes podem sinalizar um para o outro que um maior envolvimento é bem-vindo.

Carícias suaves nas áreas da bochecha e do pescoço também falam muito sobre suas intenções de carinho.

Esses toques leves e abraços acabarão levando a contatos mais ardentes e o *Kama Sutra* os categoriza como: pegada, amasso e encoxada.

A pegada acontece quando os amantes caminham juntos e um escorrega o braço pela cintura do outro e o puxa fazendo seus corpos se esfregarem.

O amasso é quando um prensa o outro contra uma pilastra ou parede e pressiona seu corpo contra ele. Isso também pode envolver um vaivém dos quadris, imitando os movimentos sexuais.

A encoxada é quando um dos amantes tem uma ereção embaixo da roupa e gruda bem no seu parceiro para que ele possa sentir a dureza contra seu corpo. Ele pode levar a mão de seu amante para seu pênis excitado e encorajá-lo a envolvê-lo com os dedos. Esses dois últimos toques iniciais costumam se restringir àqueles que estão cientes das intenções um do outro e representam um prelúdio delicioso e promessa para outras conexões muito mais íntimas.

Acima: Os toques iniciais permitem aos casais esfregar seus corpos e mostrar suas intenções durante a paquera, às vezes simulando o ato sexual ou garantindo que o parceiro sinta o pênis ereto contra seu corpo.

Os abraços

Então vêm os abraços. *Jaghana* é aquela parte do corpo do umbigo até a coxa, e o abraço com o nome dessa área envolve você pegar o bumbum de seu amante e levantá-lo para que você possa enterrar seu rosto nas coxas dele, beijando sua barriga. Você deve, nesses momentos, mordiscar, arranhar, lamber ou chupar a carne como descrito anteriormente.

No "abraço dos peitos" os amantes estimulam os mamilos chupando, lambendo e mordiscando e depois, quando eles estiverem eretos, apertam seus peitos um contra o outro e os estimulam mais com movimentos sutis.

No "abraço da testa", um amante beija muito suavemente a testa, a sobrancelha e as pálpebras do outro. Esse abraço costuma ser reservado para depois do sexo e antes ou durante o sono. Dizem que promove um sono tranquilo e sonhos agradáveis.

Na "trepadeira" os amantes ficam entrelaçados, até mesmo emaranhados, com as pernas e os braços cruzando o corpo um do outro, um com a cabeça inclinada e o outro olhando com amor para seus olhos, esperando para começar um longo beijo.

A "subida na árvore" é quando um amante coloca um pé sobre o pé do parceiro e o outro na coxa dele, enquanto coloca um braço em volta das suas costas e o outro sobre seu ombro. Parece que ele está tentando subir em seu amante como ele subiria em uma árvore.

Abaixo: Quando os abraços dos amantes ficam mais íntimos, um abraço com cruzamento e entrelaçamento complexos de braços e pernas é chamado no *Kama Sutra* de "mistura da semente de gergelim com arroz".

Abaixo: As descrições poéticas feitas por Vatsyayana dos muitos abraços possíveis que os amantes podem apreciar incitam os parceiros a usarem a imaginação para uma eficácia plena.

Na "mistura da semente de gergelim com sal" os amantes ficam deitados e entrelaçados com os braços e pernas em volta do corpo um do outro.

O "dueto floral" ocorre no clímax, quando os dois estão no ato sexual e não estão pensando em dor ou em qualquer outra sensação do que não seja o êxtase sexual. Seus membros estão entrelaçados de formas complicadas e os dois gemem de prazer.

As diferentes intensidades do amor

O *Kama Sutra* fala dos diferentes níveis de amor erótico que dependem da intensidade dos desejos dos amantes. Às vezes eles estão extremamente excitados e atiçados e, nessas circunstâncias, o ato provavelmente será breve e turbulento. Em outras ocasiões seu desejo é apenas moderado e demora um pouco para levar sua paixão a ponto de fervura. E há vezes em que o desejo é baixo e um dos amantes pode até relutar em pensar em sexo.

Todos sentimos esses níveis de intensidade diferentes, e é inevitável, é claro, que nem sempre eles ocorram ao mesmo tempo nos dois amantes.

Um homem que sente um forte desejo de fazer sexo pode descobrir que seu parceiro, nessa ocasião, não deseja com a mesma intensidade. Se eles forem amantes regulares, eles podem se acomodar um ao outro – aquele que não sente a necessidade urgente de alívio, cede ao outro, embora seu desejo seja apenas moderadamente intenso ou que não tenha nenhum desejo.

Para os homens, a paixão pode ser acesa muito fácil, mesmo quando eles não estão pensando em sexo. A evolução transformou muito homens em oportunistas sexuais e se uma chance inesperada para um encontro se apresentar, em geral eles se mostram à altura da situação.

Abaixo: Nesta cena, os guerreiros estão retratados como homens belos e fortes. Eles eram os heróis do seu tempo e tinham uma reputação de grandes feitos de ousadia e coragem. Sem dúvida eles estavam presentes em muitos sonhos gays na Grécia antiga.

Sobre Como se Preparar para o Amor

Portanto, um homem cuja disposição não seja ardente à primeira vista pode descobrir que, com um pouco de estímulo, ele se excita com uma intensidade dramática. Nesse caso, sua paixão pode chegar ao auge depois que a do seu amante acabou. De novo, o parceiro atencioso cede, para os dois terem satisfação plena.

Página oposta: Às vezes, talvez depois de um período de separação, o ato sexual é urgente e violento. Em ocasiões como essa, de nada adianta tentar desacelerar o processo. É melhor curtir a pressa apaixonada para o orgasmo.

No primeiro encontro, o amor está propenso a ser rápido e ansioso. Os amantes se lançarão ao clímax com desejos selvagens e estocadas rápidas. Nesse tipo de ato, pode acontecer uma preliminar picante, dominação violenta e um elemento de coerção. Se um parceiro estiver muito excitado e atiçado ao ponto da paixão insuportável, ele pode ficar agressivo e dominador, tomando o seu prazer com egoísmo. Nessas circunstâncias o melhor é sucumbir e gozar esse uso selvagem do seu corpo para o prazer de seu amante. Em uma parceria amorosa equânime, você terá a sua vez.

De vez em quando, em nosso mundo ocupado, quando o tempo é curto e as horas disponíveis para o amor são racionadas, o amor apressado pode servir. Mas se houver mais tempo, os amantes podem esperar um pouco antes de retomar o ato sexual, da próxima vez, de um jeito mais lúdico e em ritmo mais vagaroso.

Para os homens, o tempo de descanso necessário entre os encontros sexuais varia. Para os jovens é curto e, às vezes, eles podem ter três, quatro ou mais episódios sexuais em uma noite. Quando envelhecem, o tempo de recuperação, ou "período refratário", aumenta. Pode demorar de meia hora a três horas para o desejo voltar em uma intensidade em que uma ereção é possível e a ação pode recomeçar.

Há algo chamado de "período refratário paradoxal", que ocorre em homens mais velhos, que podem precisar de 12 horas ou mais para atingir uma ereção se as preliminares foram interrompidas e a ereção foi perdida antes do orgasmo.

Para a maioria dos homens, o segundo e o terceiro encontros sexuais em uma sessão prolongada serão mais lentos e exploratórios. É durante esses encontros mais demorados que as várias malícias do *Kama Sutra* serão ainda mais úteis para levar a paixão a um novo patamar.

Arranhar e morder

Vatsyayana escreve: "Nenhum ato pode ser comparado a arranhar e morder para aumentar a excitação amorosa e levar à ação". O *Kama Sutra* descreve em detalhes as formas de arranhar, morder e estapear que podem ser usadas.

Ele diz que todas as partes do corpo são propícias para mordidas, exceto o lábio superior, a língua e os olhos. Lugares que oferecem oportunidades para esse uso incluem a testa, o lábio inferior, o pescoço, as bochechas, peito e mamilos, os lados do corpo, as axilas, os joelhos, as coxas, as panturrilhas, os pés e os dedos. Os órgãos sexuais também podem ser usados, mas deve-se tomar muito cuidado para não arranhar nem morder forte demais, pois essas partes são sensíveis e podem ser feridas facilmente.

Às vezes, o ápice da paixão pode ser quase insuportável, como se seu peito ou cabeça fossem explodir de excitação. É nessas horas que os arranhões podem ser usados como um meio de aliviar a intensidade.

Pressionar as unhas na carne pode criar padrões aos quais o *Kama Sutra* dá nomes românticos, como a meia-lua, quando uma unha é pressionada contra a carne, e o círculo, quando duas impressões de unhas são feitas uma em frente a outra.

Arranhões e mordidas muitas vezes são usados por amantes no sexo reconciliatório após uma briga. Provocar uma dor leve durante a reconciliação pode expressar algo que as palavras não podem.

Em geral, os dentes são usados depois dos beijos. Mordiscar a orelha, os lábios, o peito, a barriga e as coxas pode ser tão delicado que não deixa marcas. Dar um beijo mais profundo e chupá-lo deixará uma pequena marca chamada de chupão. O *Kama Sutra* descreve muitos tipos de mordidas, como a mordida oculta ou discreta (*gudhaka*), quando o lábio inferior é colocado suavemente entre os dentes e pressionado. É tão suave que não deixa marca.

A mordida inchada ou o ponto (*ucchu-naka*) é parecida com a mordida discreta, mas é mais forte e deixa um ponto avermelhado. Ela não fica restrita aos lábios e pode ser usada em partes ocultas do corpo. Podem ser criados padrões, como um buquê de flores, talvez no bumbum ou no peito. Esses padrões têm outros nomes, como "nuvem espalhada" e "a joia coral".

Uma mordida chamada "mordida do javali" (*varaha-charvita*) consiste em fazer um anel de mordidinhas de amor em volta dos genitais, criando uma moldura. Quanto mais próximas as mordidas de amor estiverem do pênis, mais selvagem é o javali.

Vatsyayana diz que no início só devem ser usadas as preliminares que aumentem a excitação. Talvez morder e arranhar deva ser deixado em um estágio rudimentar até mais tarde no relacionamento. Mas variar as técnicas pode ajudar a prolongar o seu amor.

Acima: Vatsyayana descreve instruções elaboradas e poéticas para as mordidas de amor e os beijos, e pode-se ter muito prazer se você colocar esses pequenos símbolos da paixão nas partes mais íntimas do seu amado.

Abaixo: Elementos de dominação e submissão aparecem na maior parte das relações sexuais. Quando o *lingam* é usado como uma arma para bater em seu amado, pode ser um sinal simbólico de quem adotará o papel ativo neste ato.

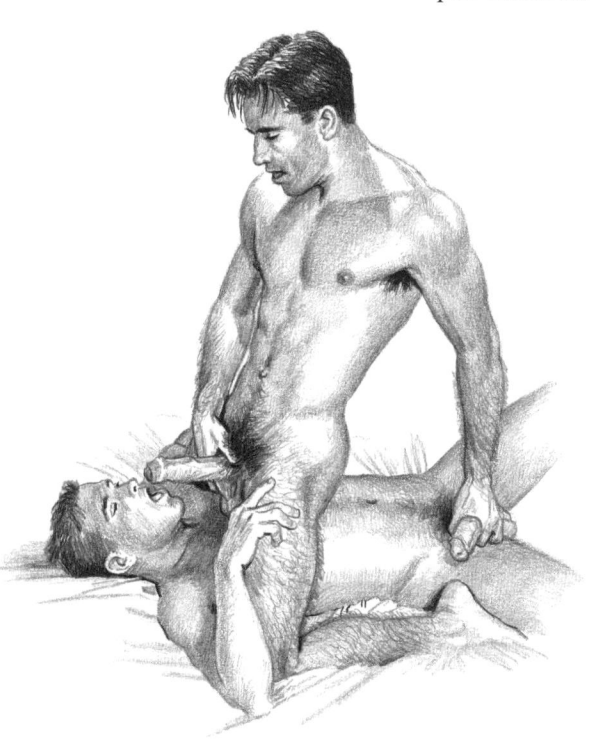

Outra forma de preliminar muito agradável é "bater com a pica". Ela costuma ser feita no auge das preliminares, quando os dois participantes estão totalmente excitados. O pênis é segurado como um cassetete, e o rosto do parceiro é fustigado e golpeado com ele. Às vezes o que recebe os golpes tentará pegar o pau com a sua boca, mas seu atormentador não deixará, zombando e provocando-o com golpes na testa, nas bochechas e no queixo. Quem recebe os golpes, algumas vezes, pode oferecer a sua língua para um tratamento semelhante, deixando o seu parceiro bater nela com o pênis na esperança de sentir um gostinho do objeto desejado.

O bumbum também pode ser estapeado com o pênis como um preâmbulo à penetração (o tapa pode ser forte e alto, deixando as nádegas rosadas).

Outras técnicas de tapas e socos são descritas no *Kama Sutra*, mas não precisamos analisá-las em detalhes aqui, pois os amantes em meio a intesidade do ato sexual saberão o que os agrada; eles experimentarão e um saberá a preferência do outro.

Alguns amantes sentem prazer em dar tapas no bumbum com a mão. A força dos golpes dependerá da preferência dos envolvidos. Alguns só gostam de tapas suaves, de brincadeira, enquanto outros desejam algo firme e vigoroso que deixará na carne uma marca temporária da mão e dos dedos.

Esfregação erótica

A esfregação é também muito valorizada como prelúdio de uma união sexual mais íntima. Em alguns casos pode ser uma prática de sexo seguro, usada como uma alternativa à penetração completa. As mãos são um instrumento maravilhosamente hábil e os dedos são o centro de nosso sentido do tato. O grande número de nervos nas pontas dos nossos dedos nos permite sentir o formato, a textura, a temperatura e até a umidade em grande detalhe. Podemos esfregar muitas partes do corpo com nossos dedos e mãos. Na sua forma mais organizada isso é chamado massagem.

Vocês podem se deitar um em cima do outro, barriga contra barriga, e esfregarem um genital no outro, ou você pode roçar seu pênis em outras partes do corpo. Um lubrificante deixa esse ato mais confortável nas partes peludas do corpo, mas lubrificação em excesso pode amortecer a sensação.

Alguns homens gostam de roçar seus pênis nos mamilos de seu parceiro ou no ânus entre as nádegas, mas sem penetração.

Abaixo: Hércules foi um herói mítico de força prodigiosa, e a sua batalha lendária contra Antaeus, o gigante aparentemente invencível, é retratada na arte, dando oportunidade para muitas sugestões homoeróticas.

Beijos

De acordo com o *Kama Sutra*, o beijo é uma parte muito importante das preliminares e, de fato, ao longo da história, o beijo foi visto como uma expressão de intenção séria. É um dos primeiros estágios da relação amorosa e Vatsyayana nos conta que há vários tipos de beijos que podem ser apreciados nos vários estágios da sedução, do primeiro encontro até durante a relação completa e depois dela.

Comece com os beijos mais ternos, aquele que encosta apenas levemente na pele do rosto do amado. Esse beijo pode ser dado suavemente na testa, nos olhos, no pescoço, na bochecha ou nas orelhas. Ele estimulará todos os tipos de desejos e a ânsia de um contato mais íntimo.

Depois, os amantes progredirão para os beijos mais apaixonados, que envolvem pressionar os lábios, primeiro com a boca fechada e depois aberta com as línguas se tocando. Os amantes podem explorar as partes internas da boca um do outro com suas línguas. Quando a língua é chupada, é chamado "o beijo da alma".

Acima: Lamber pode proporcionar sensações deliciosas nos dois parceiros. O pescoço e as orelhas são particularmente sensíveis a essa forma de atenção.

Direita: O beijo é uma expressão universal de amor e quanto mais apaixonado for o beijo, mais excitados os amantes ficarão. O *Kama Sutra* descreve os muitos tipos de beijos e o papel que eles desempenham no aumento da paixão.

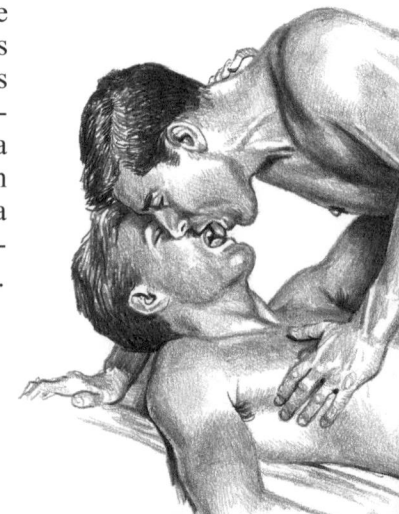

Quando a paixão aumenta, os amantes podem entrar na fase do beijo do êxtase, quando as duas línguas sondam com anseio a boca um do outro, entrelaçam-se e brigam. Beijos podem ser dados em todas as partes do corpo, mas eles provocarão mais sensação no bumbum, no pescoço, nos pés, nos ombros e na lombar. Também são sensíveis a parte de trás dos joelhos, as axilas, os mamilos, o abdômen e entre os ombros.

A princípio, os amantes às vezes fecham seus olhos ao beijar, mas depois eles vão querer olhar com amor nos olhos de seu parceiro quando os beijos ficarem mais intensos.

Conversa picante

Alguns amantes preferem apreciar sua relação sexual em silêncio ou com o acompanhamento de sons não verbais como gemidos, grunhidos e suspiros. Outros gostam de falar, ou ouvir, o que é conhecido como "conversa picante". No auge da paixão algumas pessoas gostam de ouvir seu parceiro falar direta e grosseiramente sobre o que ele está fazendo ou pretende fazer. Os amantes podem excitar um ao outro a novas alturas com demandas expressas no tipo de linguagem sexual que deve ser reservada apenas para esses momentos íntimos. Se ela contribuir para elevar a temperatura sexual, então a conversa picante deve ser desenfreada e até, em alguns casos, ter um tom abusivo.

Acima: A luta selvagem das línguas e a exploração frenética da boca e dos lábios do seu amado indica um nível de excitação que será satisfeito apenas com a completa expressão do sexo, culminando em um orgasmo.

Capítulo 3
Sobre a Relação Sexual

Posições Sexuais

A imaginação e a variação são o segredo do sucesso na relação sexual, mas o prazer pode ser frustrado pela ansiedade sobre o desempenho. Uma avaliação das infinitas variedades de sexo deve ser acompanhada pelo conhecimento dos problemas que podem atrapalhá-lo.

Acima: Essa figura ancestral da Nova Guiné é outra ilustração de como, na história, o falo passou a representar o poder e a simbolizar a dominação masculina.

Página oposta: A masturbação, a primeira experiência de prazer sexual de muitas pessoas, é uma satisfação que a maioria dos homens continua a praticar por toda a sua vida, mesmo aqueles que estão em um relacionamento permanente.

Masturbação

Não ouça aqueles que lhe contam histórias de que a masturbação vai deixá-lo cego, com pelos crescendo nas palmas das mãos, ou fraco e impotente. Tudo isso é propaganda perpetuada pelos que tentaram, por causa de algum princípio religioso distorcido, controlar e suprimir todos os tipos de sexo.

Sem dúvida, a masturbação é o ato sexual mais trivial do mundo. É como todos nós descobrimos pela primeira vez as alegrias da nossa natureza sexual, e sua prática fica conosco durante nossas vidas, a menos que nossos desejos sexuais evaporem completamente. Mesmo os que são sexualmente ativos com um parceiro, ainda assim, ocasionalmente buscarão alívio na masturbação. Não é desleal querer privacidade, de vez em quando, para estar com os seus pensamentos e fantasias.

A masturbação desempenha um papel importante no sexo entre dois homens. A masturbação mútua é uma atividade muito

Posições Sexuais

Acima: Talvez a expressão mais frequente de sexo entre homens seja a masturbação mútua. Ela pode fazer parte das preliminares ou ser o ato final que leva ao orgasmo. Não precisa de preparação e pode ser realizada até nas circunstâncias mais restritivas.

comum na atividade sexual gay e pode ser realizada com o acompanhamento de muitos estímulos diferentes. A masturbação pode ser mais prazerosa se chuparmos e lambermos os mamilos do amado, estimulando seu ânus enquanto ele se masturba ou brincando com suas bolas. Alguns homens atingem o clímax apenas com os beijos de seu parceiro enquanto se masturbam.

A forma mais comum de levar um homem ao orgasmo pela mão é agarrar o pênis ereto e fazer movimentos, bombeando para cima e para baixo da base, variando a pressão da mão e a velocidade do movimento. Aplicar um lubrificante também pode ajudar a criar sensações intensas e gratificantes.

A masturbação solo é uma questão de prática e preferência. Todos nós gastamos tempo encontrando o melhor método para nós, e na posição que preferimos. Podemos usar outros estímulos como consolos, vibradores e pornografia para intensificar a experiência.

Não há regras sobre qual é a forma "certa" de se masturbar ou quantas vezes por dia é "normal". Os jovens, que estão no auge de seu desejo sexual, podem achar que precisam se masturbar de quatro a cinco vezes por dia, tudo bem. Seu corpo lhe dirá quando basta.

Sexo oral

Vatsyayana considera a felação (ou o "boquete") como uma forma inferior de sexo. Mas nos manuscritos que precederam o *Kama Sutra*, os mestres antigos demonstravam um grande apreço por ela. Em alguns manuais indianos antigos de sexo, ela até era considerada uma variação prazerosa para os amantes. No mundo ocidental é uma forma comum de expressão sexual e na vida gay é praticamente universal.

Um ritual elaborado de lambidas e cócegas com a língua pode preceder o sexo oral completo. A haste do pênis pode ser lambida e tocada com os lábios antes de a língua chegar na ponta, onde fica a maioria dos nervos do prazer.

Amantes inexperientes provavelmente começarão levando apenas a ponta do pênis à boca, pressionando-a suavemente com os lábios. Depois eles enfiarão mais o *lingam* na boca e usarão sua língua e uma ação de chupar para proporcionar um êxtase ao seu parceiro e, por fim, enfiarão toda a haste na boca.

Esquerda: O sexo oral é um elemento importante, muitas vezes prolongado, da relação sexual gay e leva tempo para adquirir habilidade nessa arte. Mas a felicidade pode ser ilimitada quando você descobrir o que seu parceiro aprecia nesse prazer.

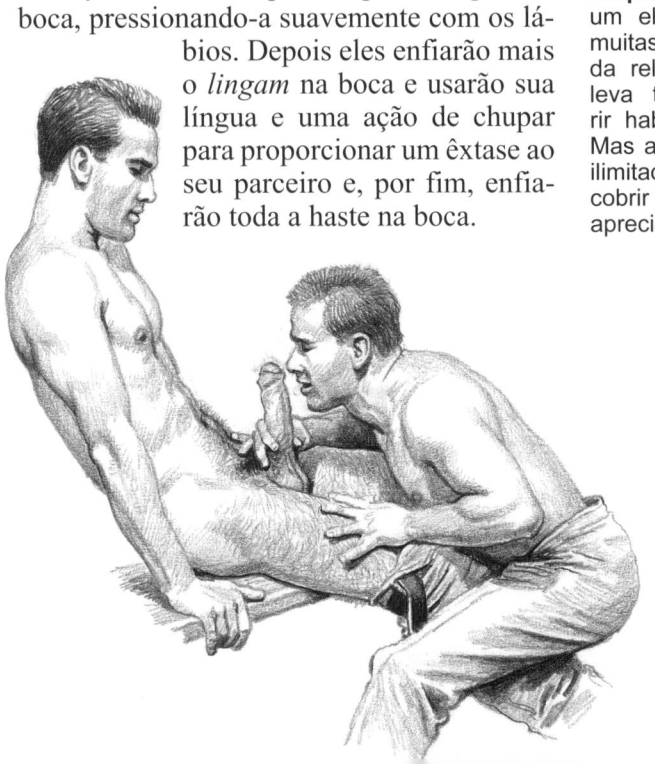

Abaixo: O culto ao *lingam*, tão comum nas filosofias indianas, torna-se literal para muitos gays ao se curvarem ao altar do falo. A posição ajoelhada é muito comum na felação.

Depois, o felador pode mexer sua cabeça para frente e para trás pela haste, continuando com os movimentos de língua e sucção até seu parceiro ejacular ou pedir para parar. Ou então, quem está recebendo a felação pode enfiar seu pênis na boca do parceiro, segurando às vezes sua cabeça ou seu cabelo para segurá-lo e estocar fundo. Isso é chamado irrumação.

A felação é útil quando o sexo é apressado e talvez furtivo, como em algum lugar semipúblico onde pouca preparação é possível e nenhuma variação elaborada possa ser praticada.

A veneração do *lingam* é mais bem demonstrada durante o sexo oral, quando ritos elaborados de provocação e uma sucção forte podem se alternar. Há muitas variações possíveis de felação, que podem ser realizadas em diferentes posições. O órgão pode ser levado à excitação pela atenção preliminar da língua nas áreas próximas para que as bolas possam ser sugadas suavemente.

Posições para a Felação

Culto ao *lingam*. Nessa posição, o homem que recebe a felação fica de pé, enquanto o parceiro se ajoelha diante dele, enfiando o membro em sua boca. Tem todas as características de uma postura de culto e permite muitos movimentos do homem ajoelhado.

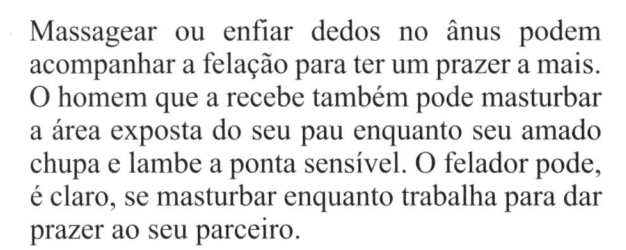

Massagear ou enfiar dedos no ânus podem acompanhar a felação para ter um prazer a mais. O homem que a recebe também pode masturbar a área exposta do seu pau enquanto seu amado chupa e lambe a ponta sensível. O felador pode, é claro, se masturbar enquanto trabalha para dar prazer ao seu parceiro.

Sessenta e nove. A felação mútua pode ser realizada em várias posições, de lado e de cima. Em qualquer uma das formas, os dois se deitam um de frente para o outro, mas em direções contrárias. Então, eles conseguirão dar prazer ao outro ao mesmo tempo. Ou então, um deles pode se deitar com a barriga para cima, enquanto o outro se ajoelha sobre ele, com a cabeça na direção dos pés do parceiro. Uma terceira variação é um homem sentado em um poltrona, enquanto seu amado planta bananeira em uma posição em que cada um pode chupar o outro. Nesse caso são necessários braços fortes. Em uma posição realmente acrobática, o 69 pode ser realizado de pé, com o parceiro que está de pé segurando o outro pela cintura, enquanto este planta bananeira.

Como o pênis sempre entra na boca "de ponta cabeça" nessa posição, ou seja, com a parte sensível da glande no céu da boca, é difícil dar a ele a mesma atenção dada com a língua como no sexo oral um por vez. Apesar dessa pequena desvantagem, a felação mútua continua muito popular.

Abaixo: O 69 ou a felação mútua pode ser apreciado em várias posições e é muito popular entre os homens gays. Há algo muito gratificante e excitante em saber que você e seu parceiro recebem o mesmo prazer, ao mesmo tempo.

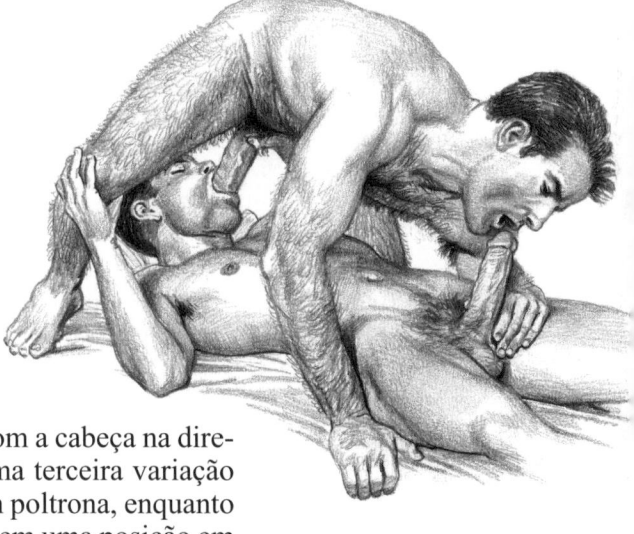

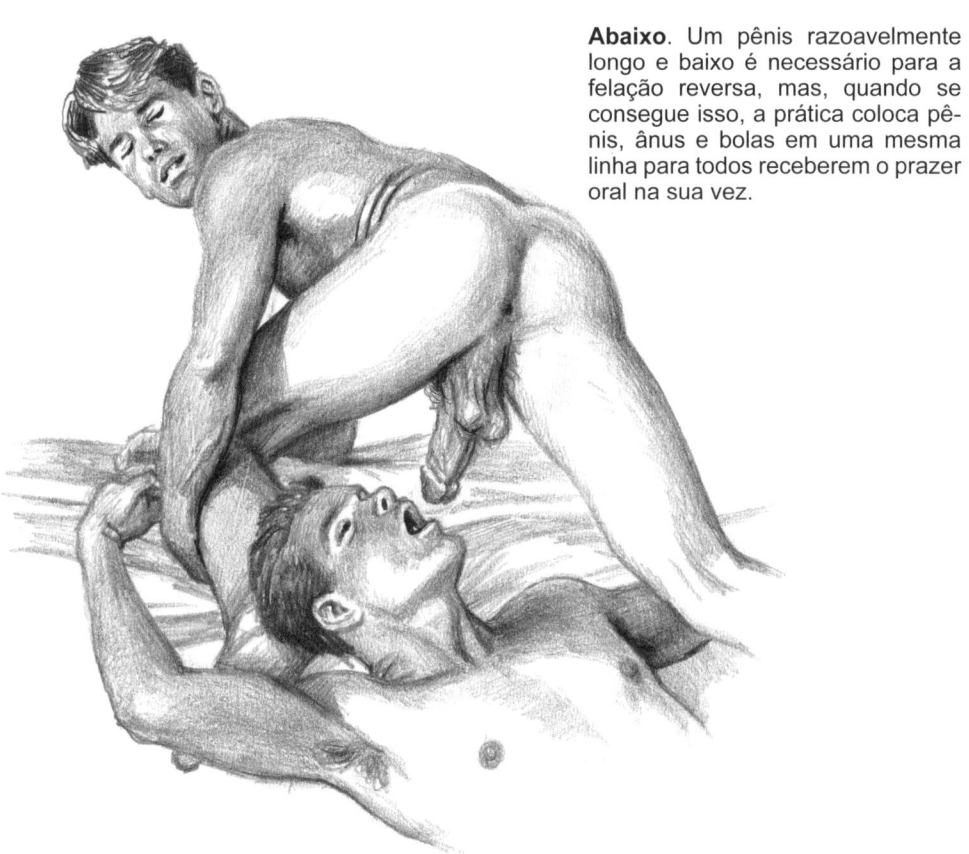

Abaixo. Um pênis razoavelmente longo e baixo é necessário para a felação reversa, mas, quando se consegue isso, a prática coloca pênis, ânus e bolas em uma mesma linha para todos receberem o prazer oral na sua vez.

Foda na boca. O passivo deita-se de barriga para cima e o ativo se senta sobre seus ombros, oferecendo seu pênis à atenção. Ele pode se inclinar para seu pênis ser abocanhado pela boca ansiosa de seu parceiro. O parceiro que está em cima pode esticar suas pernas, se levantar e meter mais. Isso também pode ser feito virado para o outro lado, com o passivo deitado de barriga para cima em uma cama com sua cabeça pendendo para fora. Então, seu parceiro se aproxima da beira da cama e insere seu pênis na boca do outro e começa a meter.

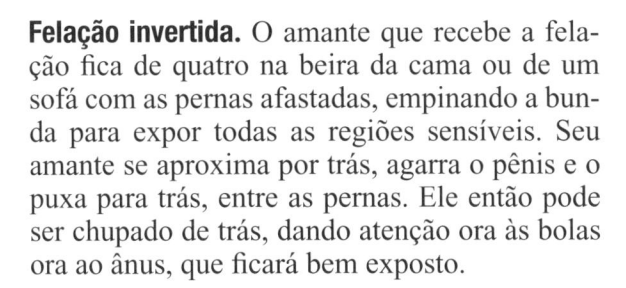

Felação invertida. O amante que recebe a felação fica de quatro na beira da cama ou de um sofá com as pernas afastadas, empinando a bunda para expor todas as regiões sensíveis. Seu amante se aproxima por trás, agarra o pênis e o puxa para trás, entre as pernas. Ele então pode ser chupado de trás, dando atenção ora às bolas ora ao ânus, que ficará bem exposto.

O *lingam* pode ser lambuzado com alimentos deliciosos como creme, mel, chocolate e compotas para um lanchinho sensual comido no membro de seu amado.

A felação pode se tornar o ato central para muitos gays, mas alguma prática é necessária para adquirir habilidade na arte. Algumas vezes, os principiantes acham que eles podem engasgar se o pênis for longo e entrar fundo demais na garganta. Amantes mais experientes dominarão essa reação e conseguirão se adaptar até ao pênis mais longo.

Abaixo: Quando um amante está desfrutando da atenção oral de seu parceiro ele pode excitar mais ainda os dois usando suas mãos para estimular as várias zonas erógenas ao alcance.

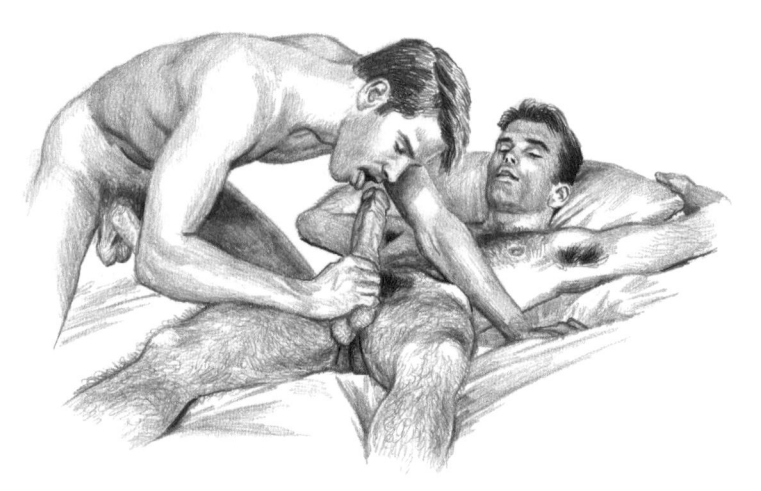

Acima: Lamber e provocar o pênis com a língua é um interlúdio prazeroso e excitante em um episódio sexual que poderia ser frenético. Explore com calma e saboreie bem. Alguns homens com pênis grandes têm uma grande abertura na ponta e às vezes é prazeroso explorá-la com a ponta da língua.

Dentes pontiagudos ou quebrados também podem ser um problema para os inexperientes. Lembre-se sempre da sensibilidade da pele na haste do pênis e tome o cuidado de não deixar seus dentes rasparem nela.

Aqueles que gostam de praticar a felação conhecerão os problemas de uma sessão prolongada. Como os músculos ao redor das mandíbulas podem ficar duros e doloridos, é importante fazer uma pausa de vez em quando.

Uma pesquisa recente demonstra que o risco da transmissão por HIV durante a felação é muito baixo e pesquisadores não conseguiram identificar um único caso de infecção que tenha sido causado pelo sexo oral. As regras sobre engolir o sêmen podem, portanto, ser relaxadas. É apenas uma questão de preferência pessoal a de gostar que seu parceiro ejacule na sua boca ou se prefere que ele tire. Peça para ele avisar quando estiver prestes a gozar e você então pode tomar sua decisão.

Embora o HIV possa não ser um problema para os praticantes da felação, como já foi um dia, outras doenças sexualmente transmissíveis são. Mais adiante, analisaremos melhor essa questão.

Coito anal

As técnicas para relaxar o ânus para os dedos serem inseridos confortavelmente também podem ser aplicadas na expressão máxima do amor masculino: o coito anal. Antes de considerar suas várias posições, precisamos ver como esse tipo de relação sexual pode ficar mais confortável para o passivo.

Assim como na inserção dos dedos, é importante que o esfíncter que cerca o ânus fique bem relaxado para evitar a dor na penetração. Alguns amantes preparam seu parceiro para a penetração passando algum tempo dilatando o ânus com os dedos e, às vezes, com consolos pequenos (talvez, aumentando seus tamanhos quando ele relaxar mais). Use sempre muita lubrificação durante esse processo para que se possa penetrar com o mínimo de força. Deve-se usar camisinha o tempo todo, a menos que você tenha a absoluta certeza da sua condição de saúde e da condição do seu parceiro.

Depois de relaxar bem o ânus, o ativo deve esfregá-lo com cuidado com a ponta de seu pênis ereto, sondando com suavidade e metendo um pouco mais forte para ver se ele entra fácil. Se houver resistência, continue a massagear o ânus com os dedos, inserindo-os de novo. Ao mesmo tempo, seu parceiro deve tentar relaxar seu esfíncter deliberadamente. Tente de novo inserir o *lingam*, empurrando suavemente em direção ao ânus até penetrar. Preste atenção às reações de seu parceiro, e se ele demonstrar dor, pergunte se ele quer que você tire. Se ele disser "sim", retire devagar e espere algum tempo, talvez beijando seu parceiro e massageando suavemente o ânus dele com seus dedos, tranquilizando-o de que tudo ficará bem.

Abaixo: Esse recipiente, mostrando dois homens transando, é originário da cultura Chimu do norte do Peru e remonta ao século XV. A cultura Chimu foi dominada pelos incas em 1460.

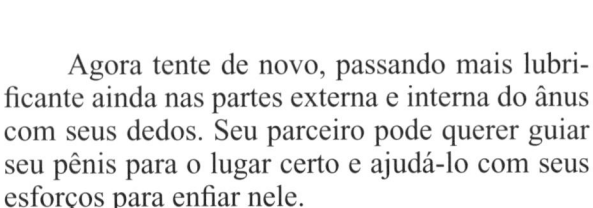

Agora tente de novo, passando mais lubrificante ainda nas partes externa e interna do ânus com seus dedos. Seu parceiro pode querer guiar seu pênis para o lugar certo e ajudá-lo com seus esforços para enfiar nele.

Depois de penetrar seu parceiro, e ele se sentir confortável, você pode começar as estocadas. Comece devagar, observando as reações dele o tempo todo. Pode demorar alguns minutos para ele se acostumar com as sensações que está tendo e descobrir que elas são prazerosas.

Quando estiver pronto, e ele concordar, você pode começar a meter com mais força e com maior velocidade. Feito isso, depois você pode experimentar posições diferentes, diversos métodos de estocada e de como girar os quadris, além de outros jeitos de conseguir prazer.

Alguns homens conseguem manter uma ereção com relativa facilidade enquanto são fodidos por trás, enquanto outros acham praticamente impossível. As sensações irresistíveis do ânus requerem uma atenção total e a ereção simplesmente desaparece. Isso não deve ser tomado como um sinal de que ele não está gostando da experiência; muitas vezes significa o oposto.

Posições para o coito anal

Há basicamente quatro posições para a relação sexual gay: de pé, ajoelhado, sentado e deitado. Há muitas variações desses quatro temas básicos.

As posições favoritas do casal dependerão muito de sua compatibilidade de peso e altura. Quando uma posição exige uma altura quase igual, almofadas, cadeiras, banquinhos, mesas de várias alturas e até escadinhas podem ajudar. Mas há limites e as diferenças de altura podem, praticamente, impossibilitar algumas posições.

De pé

As posições de pé são prazerosas e confortáveis e dão aos parceiros uma oportunidade completa de envolvimento erótico. Algumas são bem atléticas e exigem prática, flexibilidade e força.

Dois pilares. Aqui, o ativo se aproxima de seu parceiro por trás e o penetra de pé. Se os dois tiverem alturas diferentes, o mais baixo pode pisar em um degrau ou um livro grande para compensar. É difícil para os amantes se beijarem nessa posição, embora ela permita que o passivo se estimule ou, então, que seu parceiro o envolva com o braço e o masturbe enquanto mete.

Salgueiros vergados na brisa. O passivo se curva para a frente, talvez apoiado em uma cadeira, mesa ou na cama, enquanto seu amado se aproxima por trás e o penetra. O ativo pode então se inclinar sobre seu parceiro e agarrar em alguma coisa (como na cabeceira ou talvez em uma maçaneta) para dar estocadas mais fortes e fundas. Ele também pode estimular o *lingam* ou os mamilos de seu parceiro.

Os beijos são difíceis nessa posição, embora seja possível mordiscar as orelhas ou beijar a nuca.

O pilar e a hera. Nesta posição, os dois ficam um de frente para o outro. O passivo enrosca suas pernas na cintura de seu parceiro, enquanto segura firme em volta do seu pescoço. O parceiro ativo também pode oferecer apoio para as costas e as nádegas de seu amante.

Obviamente ficará mais fácil se aquele a ser suspenso for mais baixo e mais leve do que aquele que ficará de pé segurando-o. Essa posição exige força e um elemento de determinação para sustentar essa posição por muito tempo, mas é uma novidade atraente para experimentar de vez em quando.

Agachamento erótico. O passivo fica na beira de uma mesa, de costas, e agacha, equilibrando-se abraçando os joelhos. Isso abre seu bumbum para o ativo se aproximar de pé e fazer a penetração. Essa posição, também, requer alguma prática e precisa de uma mesa da altura exata.

Ajoelhados

Cachorrinho. Nessa posição, provavelmente a mais popular, o passivo fica de quatro e seu parceiro se aproxima por trás, também de quatro. Ela oferece uma ótima capacidade de manobra, e o amante ativo pode variar a profundidade e a velocidade de suas estocadas com facilidade,

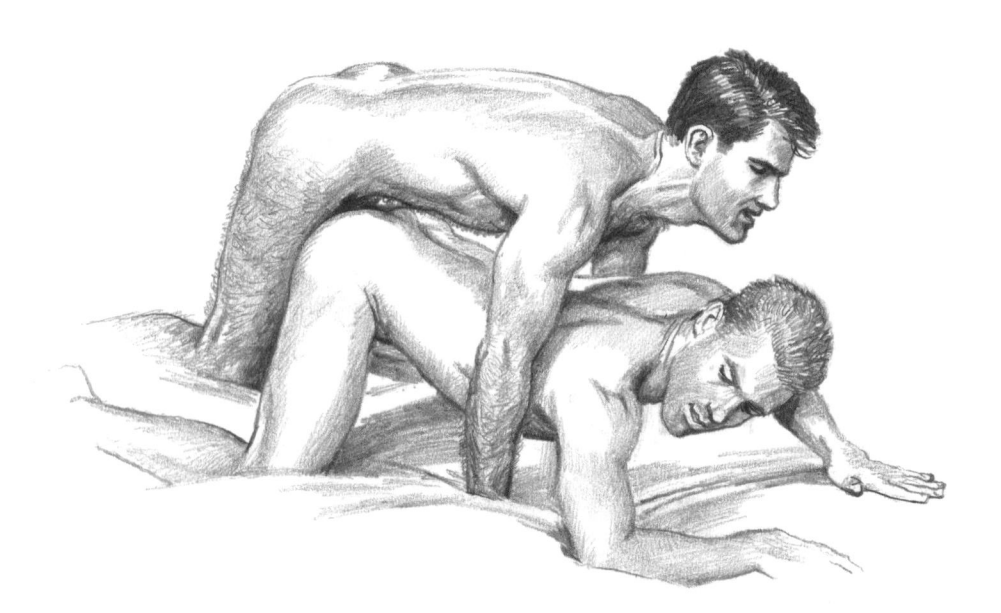

Abaixo: Cachorrinho é provavelmente a posição mais usada para o coito anal entre homens gays. Nela o ativo pode se movimentar bem, incluindo rebolar e estocar fundo.

realizando movimentos rotatórios com seus quadris para ter mais excitação. Beijar é difícil nessa posição, mas muitas outras variações são possíveis para dar sensações um pouco diferentes. O parceiro ativo, por exemplo, pode se agachar em vez de ajoelhar, o que permite um ângulo diferente para a estocada. Ele pode se enroscar nas costas de seu parceiro e se divertir procurando e brincando com o *lingam* e os mamilos do seu parceiro.

Abaixo: A posição borboleta não é fácil de fazer, nem pode ser sustentada por longos períodos. A vantagem dela é que permite aos dois parceiros algum controle sobre o movimento e a penetração.

A borboleta. Nessa posição, o parceiro ativo se ajoelha e posiciona seu quadril para frente enquanto se apoia com os braços para trás. Então, seu parceiro abre as suas pernas em uma posição semelhante, apoiando-se da mesma forma e depois se encaixa no *lingam* de seu parceiro à espera dele. Nessa posição, quem é penetrado é capaz de controlar a velocidade, a profundidade e a direção das estocadas. O ativo também pode tomar algum controle segurando os quadris e o bumbum de seu parceiro movimentando-os para cima e para baixo no ritmo de seus desejos.

Sentado

Na posição sentada é possível desfrutar muitas variações sobre o tema. Usar locais e móveis diferentes, como cama, cadeiras, chão, dá a oportunidade de experimentar uma grande variedade de sensações. O penetrador, por exemplo, pode sentar em uma cadeira sem braços e seu amante pode montar nele, apoiando-se com os dedos dos pés no chão. Pode-se criar uma variação com o uso de uma poltrona, quando o amante que será penetrado posiciona seus pés nos braços da poltrona e se abaixa no pênis ereto de seu parceiro. Nessa posição, o homem que fica por baixo pode, de alguma forma, dar estocadas, mas na maior parte dos casos, é o homem por cima que controla a ação. Nesse caso, a distinção entre "ativo" e "passivo" fica nebulosa.

O mesmo efeito pode ser conseguido no chão ou em uma cama, onde o homem que será penetrado monta sobre o quadril de seu amado, deitado de barriga para cima. Então, ele senta sobre o *lingam* e, mais uma vez, controla a força e a velocidade das estocadas. O penetrador também pode posicionar seu bumbum em um banquinho e elevar o quadril, apoiando-se no chão com sua cabeça e seus pés. Isso deixa seu quadril mais para cima e exibe seu genital em todo seu esplendor. Ela também dá ao seu amado mais ponto de apoio para controlar as estocadas.

Abaixo: Quando usar cadeiras, com ou sem braços, para transar sentados, o parceiro que está por cima controla a profundidade e a velocidade da penetração.

Posições Sexuais 95

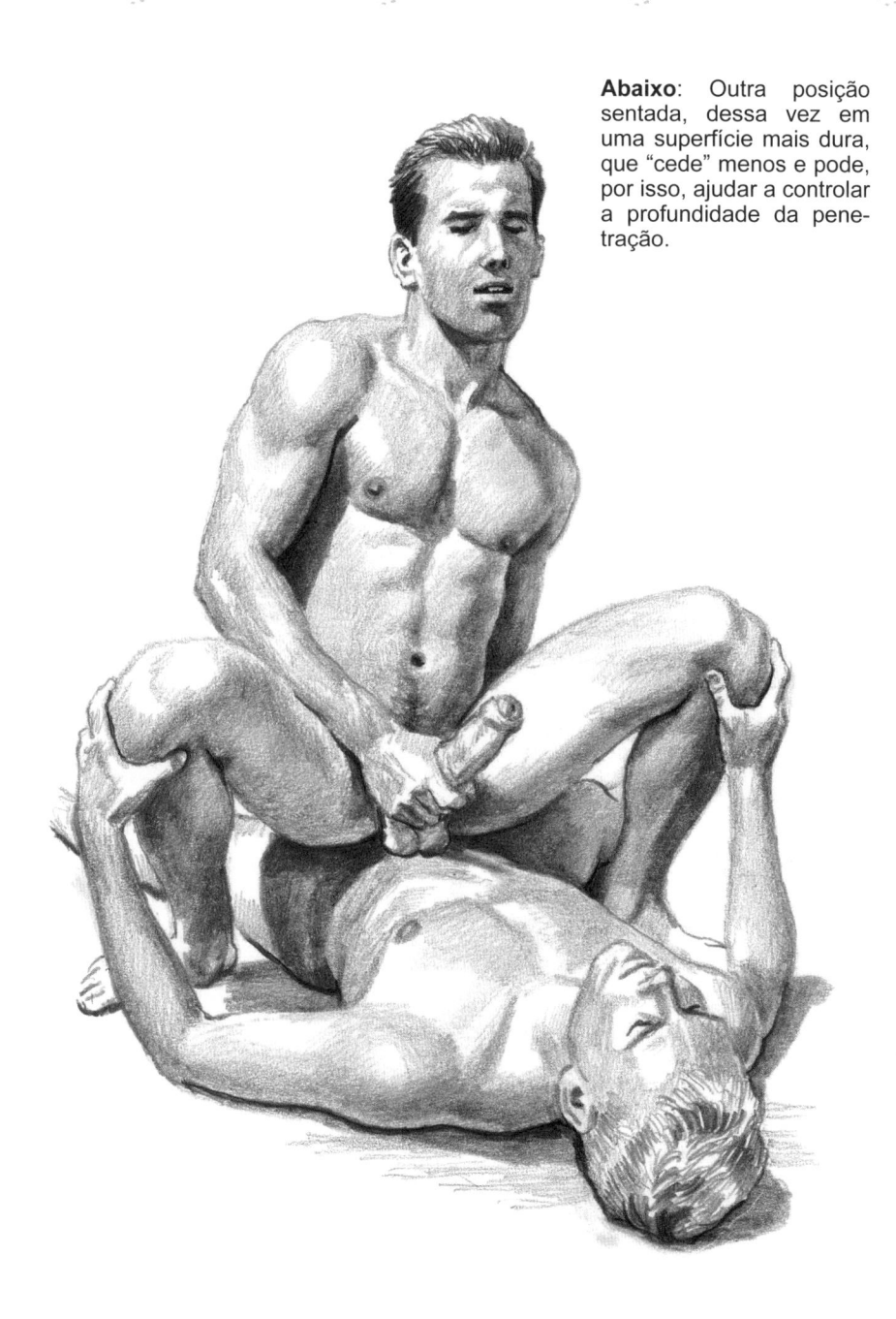

Abaixo: Outra posição sentada, dessa vez em uma superfície mais dura, que "cede" menos e pode, por isso, ajudar a controlar a profundidade da penetração.

Deitada

Encaixe. Nessa posição, o passivo se deita de bruços, talvez com o quadril sobre travesseiros para elevar o bumbum. Seu amado monta sobre ele e o penetra. Essa posição permite variação e mudanças de ritmo, embora o homem por baixo possa achar difícil estimular seu órgão por estar em cima dos travesseiros.

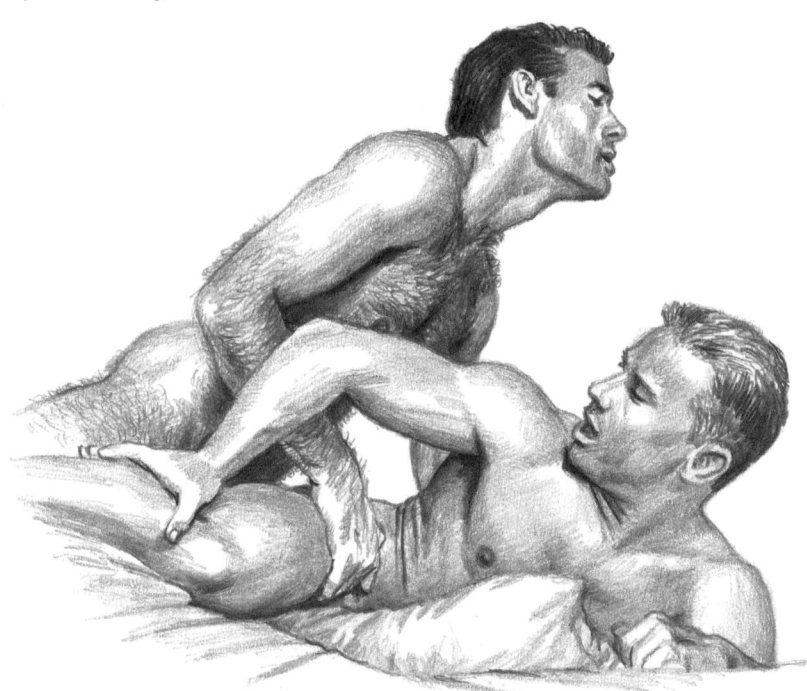

Abaixo: Por estar deitado de bruços, fica difícil para o passivo se dar prazer enquanto seu parceiro o penetra. Mas essa posição é confortável e fácil de manter por períodos longos.

Conchinha. Os amantes se deitam colados de lado, de frente para a mesma direção. O amante que fica por trás, que vai penetrar, levanta a perna do parceiro e abre o ânus. Então, ele ganha a penetração. É fácil levar seu parceiro ao clímax massageando o *lingam* dele ao mesmo tempo.

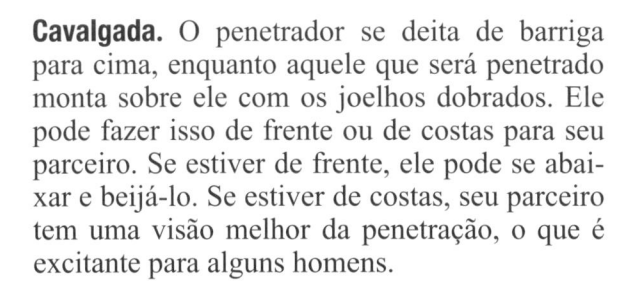

Cavalgada. O penetrador se deita de barriga para cima, enquanto aquele que será penetrado monta sobre ele com os joelhos dobrados. Ele pode fazer isso de frente ou de costas para seu parceiro. Se estiver de frente, ele pode se abaixar e beijá-lo. Se estiver de costas, seu parceiro tem uma visão melhor da penetração, o que é excitante para alguns homens.

O caranguejo. Essa é uma posição difícil, praticada principalmente por aqueles mais experientes e com braços fortes. O penetrador se deita com a barriga para cima e seu amante se deita em cima dele, encarando-o. A penetração nessa posição é feita e os dois se elevam do chão apoiando-se nos braços e nas pernas, mantendo a penetração. O amante ativo pode então estocar, embora seja difícil ter muita adesão nessa posição, bem como mantê-la por mais de alguns segundos de cada vez. A vantagem é que nela a próstata pode ser estimulada com mais eficácia.

Abaixo: Deitados de lado, os amantes podem se beijar e lamber o rosto e o pescoço um do outro durante o ato. A estocada é fácil e novas sensações podem ser criadas com um pouco de imaginação.

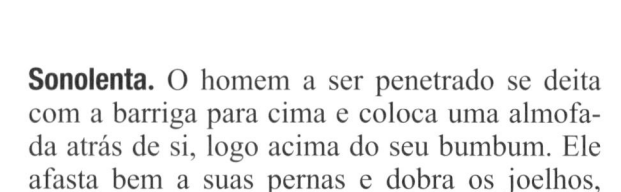

Sonolenta. O homem a ser penetrado se deita com a barriga para cima e coloca uma almofada atrás de si, logo acima do seu bumbum. Ele afasta bem a suas pernas e dobra os joelhos, elevando mais seu bumbum. Então, seu parceiro pode penetrá-lo com facilidade. Essa posição permite beijos e o ativo pode massagear o membro de seu parceiro. Dessa posição inicial, muitas outras variações são possíveis. O amante ativo pode continuar empurrando o parceiro passivo para cima, até ele quase ficar deitado sobre seus ombros.

Trapézio. O passivo se deita com a barriga para cima no chão e levanta as suas pernas acima dos seus ombros para expor seu ânus. O parceiro ativo coloca uma cadeira ou mesa baixa atrás dele e se suspende sobre seu parceiro, com os pés na cadeira, apoiando-se nos braços no chão. Ele penetra seu parceiro e começa a meter. Essa é uma posição para parceiros experientes e o ativo precisa de braços fortes.

Acima: Nesta posição, os amantes ficam de frente um para o outro e podem se beijar. O parceiro passivo pode levantar suas pernas cada vez mais alto até ele quase ficar deitado nos ombros de seu parceiro, nesse ponto ela praticamente se torna uma posição diferente em que o parceiro ativo pode penetrar de vários ângulos.

Outras novidades

Fricção dupla. Os amantes nus se aproximam, de frente um para o outro, meio inclinados para trás e aproximando seus quadris. Um dos amantes pega os dois pênis em uma mão e os estimula juntos esfregando e movendo sua mão para cima e para baixo em um movimento masturbatório. A lubrificação pode aumentar o prazer.

Brincadeiras de pijama. Compre o pijama ou moletom com a calça mais larga que você encontrar. Os dois participantes entram na calça, de frente ou de costas um para o outro. Então, eles tentam fazer sexo com esfregação ou penetração anal.

O trenzinho. (Também chamada de corrente de margarida.) Qualquer número de pessoas, acima de três, pode participar do trenzinho. O primeiro homem fode o segundo, enquanto o terceiro fode o segundo, e assim por diante. O trenzinho pode ser feito em várias posições.

Cachorrinho. Essa posição aceita um máximo de três participantes, pois fica difícil um ficar atrás do outro. Além disso, pode ser difícil coordenar os movimentos.

De pé. Essa provavelmente é a melhor posição para grupos maiores. Os participantes simplesmente penetram um ao outro por trás em uma corrente. É difícil de manter por precisar de uma coordenação do grupo para continuar.

O cachorro do missionário. O primeiro homem se deita com a barriga para cima com as pernas para trás. O segundo homem o penetra na posição sonolenta. O terceiro penetra o segundo por trás, na posição cachorrinho.

Acima: Essa miniatura indiana retrata dois casais homossexuais fazendo sexo. Ela mostra que a homossexualidade não era, como alguns acadêmicos recentes afirmaram, uma ocorrência rara na Índia.

Sexo grupal

Quando mais de dois homens se reúnem para uma experiência sexual há mais prazeres e perigos. O número de combinações e posições possíveis aumenta exponencialmente de acordo com o número de participantes, assim como a possibilidade de problemas emocionais. Parceiros fixos podem introduzir com sucesso uma terceira pessoa na sua relação sexual como um meio de apimentar as coisas, mas se um dos parceiros achar que os outros dois estão mais interessados em transar um com o outro do que em três, ele pode se sentir excluído e ficar ciúmes. Essa prática também pode causar estrago no relacionamento original.

Mas se todos os parceiros estiverem dispostos e contentes com a situação, e se sentirem igualmente envolvidos, então pode-se ter muito prazer das permutas possíveis. Talvez a posição mais popular para três pessoas é um homem se inclinar e ser penetrado por trás enquanto ao mesmo tempo é chupado por um terceiro. Essa posição básica pode ser feita de todas as formas descritas para casais: sentada, de pé ou deitada.

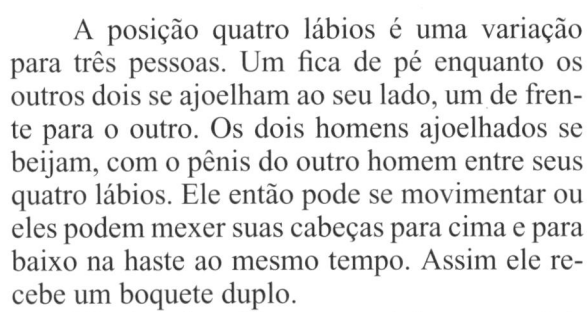

A posição quatro lábios é uma variação para três pessoas. Um fica de pé enquanto os outros dois se ajoelham ao seu lado, um de frente para o outro. Os dois homens ajoelhados se beijam, com o pênis do outro homem entre seus quatro lábios. Ele então pode se movimentar ou eles podem mexer suas cabeças para cima e para baixo na haste ao mesmo tempo. Assim ele recebe um boquete duplo.

Na ciranda erótica, os participantes se deitam em um círculo e chupam um ao outro ao mesmo tempo. Qualquer número de homens pode participar de um círculo desses.

Um homem pode praticar felação enquanto o outro faz anilíngua, um fode um dos parceiros, enquanto o terceiro pode oferecer a qualquer um deles seu pênis para ser chupado. Dois parceiros podem fazer 69 deitados, enquanto o terceiro fode quem estiver por cima.

Todos os métodos de relação sexual podem ser usados e ampliados para três, com cada um se revezando para ser o centro das atenções.

Abaixo: Em uma situação de sexo grupal, todos os participantes praticam sexo oral um no outro em um círculo. A posição no círculo pode ser mudada de vez em quando, para todos terem a vez um com o outro.

Abaixo: Essa maravilhosa estátua de bronze, *O Discóbulo*, foi esculpida em 1924 por Konstantin Dimiatridis e tem um forte apelo homoerótico. O atleta está totalmente absorto e aparentemente indiferente à forte mensagem sexual transmitida por sua nudez.

Relacionamentos

Os relacionamentos gays podem durar muitas décadas ou apenas uma noite. Sejam eles longos ou breves, devem ser tratados com respeito e o objetivo dos participantes não deve ser apenas dar prazer um para o outro, mas também elevar a mente e o espírito um do outro. Quando você compartilha algo seu com a outra pessoa deve enriquecer os dois e quando vocês oferecem seus corpos um ao outro, deve envolver mais do que apenas a ambição de atingir o orgasmo.

Seria irrealista esperar que cada encontro sexual fosse uma experiência transcendental e transformadora. Às vezes não há empatia, conexão nem interesse comum entre você e seu parceiro e os dois aceitam que você não quer ter essa conexão. Mas mesmo quando isso acontece, não deve significar que você não pode tratar seus parceiros sexuais com a dignidade que eles merecem como seres humanos. Uma palavra gentil sobre algum aspecto deles que seja digno de elogio fará com que eles saiam com uma sensação de não terem sido usados ou que sua união não é algo desonroso.

Ser generoso em nossa aceitação de que, embora tenhamos tentado nos conectarmos, falhamos nos enobrece. Podemos não ser a pessoa certa um para o outro, mas isso não faz de nós pessoas imprestáveis. Vamos nos separar amigavelmente, mesmo se não pretendermos nos ver de novo.

Porém, quando a faísca da paixão mútua nos atinge, pode ser maravilhoso. O que começou como um encontro sexual casual pode terminar transformando sua vida, lhe dando um companheiro carinhoso que dividirá com você seus altos e baixos, seus sonhos e segredos. Poderá lhe dar um acesso instantâneo à satisfação sexual e deixá-lo explorar os níveis mais profundos da experiência erótica. Fazer sexo com alguém que você ama é uma experiência de uma qualidade diferente do sexo com um estranho que você provavelmente nunca verá de novo.

Desenvolvimento de relacionamentos

Como todos os relacionamentos que duram um longo período, as parcerias gays mudam e evoluem com o passar dos anos, mas as mudanças podem ser tão graduais que os parceiros nem percebem que elas estão acontecendo e algumas vezes pode surgir algum mal-entendido.

Os parceiros nem sempre passam de um estágio de desenvolvimento de seu relacionamento ao seguinte ao mesmo tempo e, por isso, as mudanças podem ser mal interpretadas como uma perda de interesse. Se, por exemplo, um parceiro ainda estiver no período apaixonado de "lua de mel" do relacionamento, desejando sexo o tempo todo do dia e da noite, enquanto o seu parceiro tiver passado para o segundo período menos frenético, onde a ênfase está em ajeitar a casa, então pode haver uma percepção errônea de que o relacionamento terminou.

Esquerda: Nesta pintura de um vaso grego, do século V a.C., dois jovens são vistos tomando banho juntos e enfeitando um ao outro, talvez usando a ocasião relaxante para um pouco de prazer erótico.

Acima: Essa pintura da lendária batalha entre Hércules e Antaeus está repleta de homoerotismo. Quando Hércules percebeu que Antaeus retirava sua aparente invencibilidade da terra, ele o levantou do chão até sua força se esvair.

Casais precisam aceitar que seu relacionamento evoluirá, embora talvez não totalmente em sincronia. Isso deveria prepará-los para perceber que as mudanças de prioridade do parceiro, provavelmente, não são um sinal de que está tudo acabado. Está só ficando diferente. E cada estágio de um relacionamento duradouro tem suas próprias consolações e prazeres.

Se um casal decide que quer um compromisso sério um com o outro, ambos devem saber e estar preparados para as mudanças que inevitavelmente tomam conta deles, às vezes deixando-os perplexos. Se eles puderem superar essas mudanças juntos, sua parceria durará.

Pesquisas sobre relacionamentos gays demonstram que o período inicial da paixão louca, em que a atividade sexual tem um papel dominante se transforma na fase seguinte, que foi chamada de "ninho". A ênfase então muda para criar um ambiente seguro e confortável onde o casal pode prosperar. O companheirismo supera o sexo como o elemento mais importante. À medida que o casal é aceito e reconhecido por seus amigos e família, seu amor se aprofundará, mas seu interesse sexual pode morrer.

A familiaridade pode provocar desdém se você deixar, e uma rotina imutável pode criar tédio. A menos que isso seja reconhecido, é fácil cair em uma parceria confortável, mas sem sexo. Isso agrada alguns casais, cujo amor se aprofunda e fica mais forte com o passar dos anos, mas cuja paixão sexual diminui.

Manter o interesse sexual por um período mais longo, entretanto, requer dedicação. A menos que você se esforce e diga sempre para seu parceiro que ainda o acha atraente e que vocês ainda têm novos caminhos eróticos para explorar, a relação pode cair em rotinas destrutivas de indiferença e tédio. É nesse estágio que você pode começar a procurar por novas aventuras eróticas fora do seu relacionamento. Depois de vários anos juntos, os casais gays muitas vezes aceitam isso, embora se amem e sintam que seu compromisso é para vida toda, talvez eles precisem encontrar a vazão de seu desejo sexual em outro lugar.

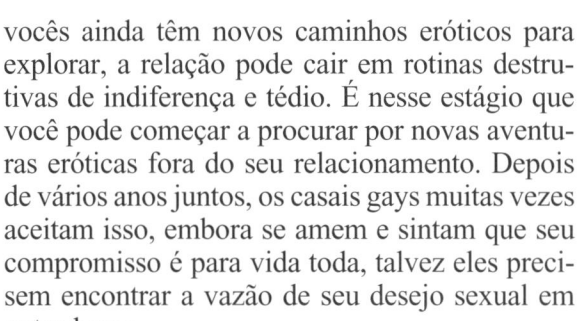

Há perigos óbvios nisso, como ciúmes e a possibilidade de que um de seus amantes casuais acabe sendo mais atraente do que seu parceiro atual.

Alguns pesquisadores demonstraram que casais gays que ficaram juntos por 20 anos ou mais, muitas vezes, começarão a reacender seu interesse sexual um pelo outro. Em tais circunstâncias – e mais cedo no relacionamento também – o uso do Tantra, ou encontros sexuais ritualizados, pode ajudar. Tantra diz que amar seu parceiro de modos sexuais nem sempre precisa estar centrado nos genitais. O sexo deve ser uma experiência de todo o corpo e mente que ajuda os casais a se aproximarem e se amarem mais. O desejo de respeitar e tratar aqueles que amamos com carinho,

Abaixo: Por mais que um relacionamento gay tenha durado, ele ainda pode dar prazer sexual e momentos de amor para os parceiros. Embora o amor subjacente possa ser profundo, pode ser necessário esforço e compromisso para manter a chama do desejo acesa.

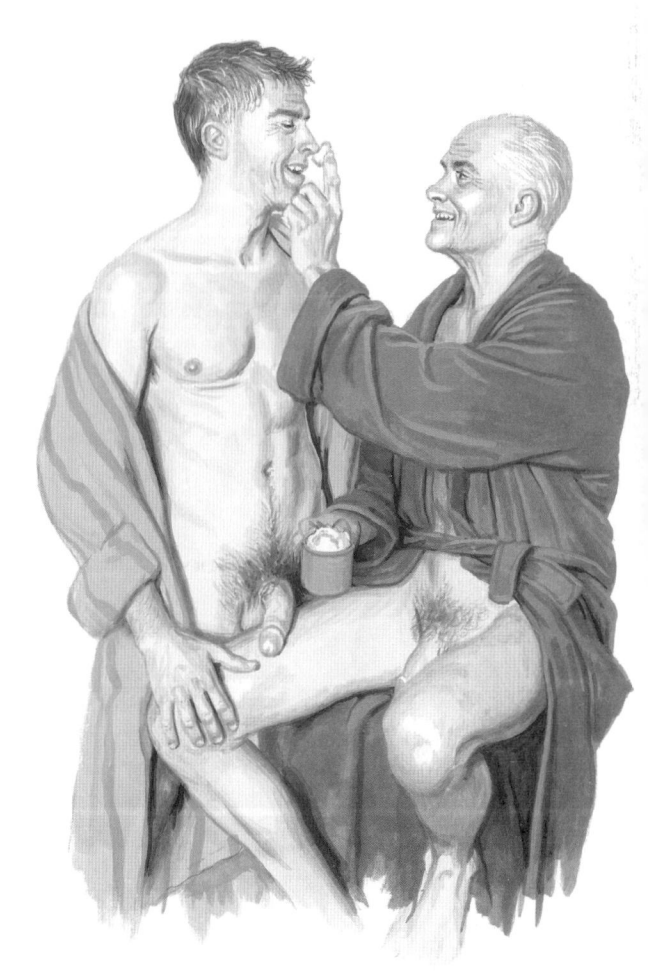

bem como de fazer amor com eles, pode ser expresso e desenvolvido eficazmente pelo Tantra.

Amantes de longa data podem precisar revisitar sua antiga paixão, relembrando e tentando recriar o desejo profundo que um dia ardeu entre eles. Aqueles que levarem a sério reviver tanto sua ligação física quanto a emocional podem ler alguns livros sobre a filosofia do sexo tântrico ou procurar um profissional que possa ajudá-los a explorar esse assunto mais profundamente.

Para manter nosso relacionamento, talvez diante da desaprovação e da pressão daqueles à nossa volta, devemos aprender a sermos fortes e orgulhosos e nos convencermos absolutamente do valor do nosso amor. Se passarmos a aceitar a desaprovação dos outros sobre a nossa orientação sexual, então estamos encrencados. Quanto mais mantivermos nosso relacionamento em segredo, mais difícil será para ele ter sucesso. Se tivermos de negar que nosso amor existe, então nosso relacionamento enfraquece-se imediatamente. É por isso que devemos deixar nossos entes queridos saberem que somos um casal e que precisamos que eles reconheçam a importância que damos à vida que temos com nosso parceiro.

A comunicação é outra habilidade essencial para um relacionamento de sucesso. Você deve tentar ser honesto e aberto com seu parceiro e não brincar com suas emoções. Mais uma vez, um alto nível de autoestima é importante aqui. Pois, a menos que valorizemos igualmente os nossos sentimentos e os das outras pessoas, teremos dificuldade em dizer o que queremos dizer, pedir o que queremos e até dizer "não" quando isso pode ser doloroso.

O *Kama Sutra* descreve muitos estilos de brigas entre casais, mas aceita que discussões às vezes são necessárias para esclarecer ressentimentos e frustrações ocultos. Quando fica claro que um parceiro não está feliz com alguma coisa, então o casal pode começar a encontrar uma resposta para seu problema juntos. Se ele permanecer oculto e não dito, esse ressentimento pode inflamar-se e se tornar amargo, levando a relacionamentos sem graça e infelizes caracterizados pelas críticas constantes e uma falta de comunicação verdadeira.

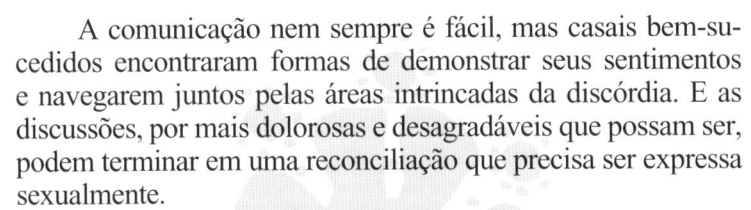

A comunicação nem sempre é fácil, mas casais bem-sucedidos encontraram formas de demonstrar seus sentimentos e navegarem juntos pelas áreas intrincadas da discórdia. E as discussões, por mais dolorosas e desagradáveis que possam ser, podem terminar em uma reconciliação que precisa ser expressa sexualmente.

Vatsyayana nos conta sobre o sexo especial depois da resolução de uma briga. Os amantes ficam ansiosos para recuperar os sentimentos amorosos e em tais ocasiões pode surgir uma intimidade especial.

Como dissemos, casais mais velhos às vezes descobrem que depois de muitos anos juntos, a chama erótica que eles pensavam ter morrido se reacende de repente. Eles encontram um novo interesse e começam a explorar mais uma vez.

O sexo para o homem mais velho deve, por necessidade, ser mais lento e planejado. O corpo não será mais tão flexível como foi na juventude, por isso o sexo mais acrobático não será mais uma opção. No entanto, muitas outras opções permanecem abertas. A relação sexual para casais mais velhos pode ser mais tranquila, mas não precisa ser menos apaixonada.

Problemas sexuais

O sexo nem sempre é perfeito. Nossos corpos e mentes às vezes nos deixam na mão e trazem ansiedade para nossa vida amorosa. Mas se estivermos cientes dos problemas que podem ocorrer, ficaremos menos paralisados emocionalmente por eles.

O estímulo sexual transmite uma mensagem ao cérebro, que responde enviando sinais nervosos ao pênis. Um mensageiro químico é produzido pelas terminações nervosas que, então, faz os vasos sanguíneos do pênis se dilatarem, resultando em uma ereção. De vez em quando, contudo, algo interfere nesse processo e a ereção simplesmente não acontece.

Não conseguir ter ou manter uma ereção pode ser devastador para alguns homens. Sua autoestima despenca, a autorrecriminação os assola. Eles ficam ansiosos com a intimidade e podem até começar a evitá-la. A vergonha e a humilhação impedem alguns homens de buscar ajuda e eles sofrem em silêncio.

A maioria dos problemas para ter uma ereção tem uma causa física. Elas podem incluir diabetes, doença arterial, alcoolismo e os efeitos colaterais de alguns medicamentos. Seu médico pode aconselhá-lo sobre as melhores opções nesses casos.

O excesso de ansiedade em ter um "bom desempenho" também pode provocar problemas de ereção. Depois de falhar uma vez, a ansiedade aumenta ainda mais, e assim, na próxima tentativa, há outra falha e isso se torna uma crise permanente. Uma consulta com um terapeuta sexual qualificado pode ajudar nesses casos. O sexo tântrico, que pode tirar o foco dos genitais e da necessidade de "desempenhar" de uma forma específica, tem ajudado muito os homens com problemas de ereção.

Muitos homens acharam o remédio Viagra muito útil também. Seu médico pode prescrevê-lo para você. Ele o ajudará a ganhar e manter a ereção enquanto permanece no seu sistema. Demonstrou-se que o Viagra ajudou até 80% daqueles com sintomas de disfunção erétil. Há também tratamentos cirúrgicos e aparelhos de sucção que podem ser experimentados, embora as taxas de sucesso variem. Novas gerações de medicamentos com um efeito mais duradouro do que o Viagra estão sendo desenvolvidas e seu médico pode aconselhá-lo sobre eles.

Você pode conseguir manter a ereção com o auxílio de um anel peniano. Esse é um aparelho normalmente feito de metal ou couro, que é colocado no pênis, e às vezes nas bolas, para reter o fluxo sanguíneo no membro. Atores de filmes pornôs os usam muito para manter a ereção por muitas horas. Eles são seguros quando usados com moderação. Eles podem ser comprados em sex shops, na Internet ou pelo correio.

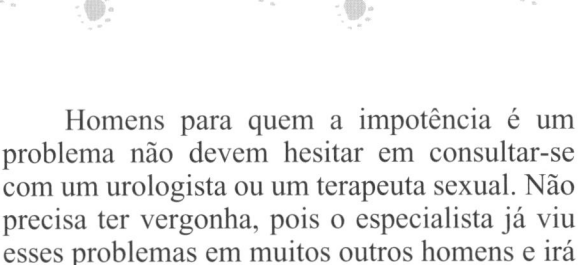

Homens para quem a impotência é um problema não devem hesitar em consultar-se com um urologista ou um terapeuta sexual. Não precisa ter vergonha, pois o especialista já viu esses problemas em muitos outros homens e irá tratá-los como algo trivial.

Não precisa entrar em pânico se achar que "goza rápido demais". A ejaculação precoce é um dos problemas sexuais mais comuns em homens e um dos mais propensos a se corrigir sozinho. Se a ejaculação precoce persistir, porém, há formas eficazes de se treinar para desacelerar. Você pode praticar esse método quando se masturba: ao sentir o orgasmo se aproximando (mas antes de ele se tornar inevitável), aperte com firmeza a ponta do seu pênis com o polegar e o indicador. Isso cessará o avanço para o orgasmo e, talvez, provoque a perda de um pouco da ereção. Depois que a sensação passou, repita o processo sem gozar quantas vezes você conseguir. Isso terá o efeito de um treinamento para o seu corpo não reagir ao estímulo sexual de forma exagerada.

Relembrando, o estudo e a prática do sexo tântrico podem ajudar a garantir que o orgasmo não precisa ser o único objetivo de seus encontros sexuais. E, se seu parceiro tiver uma dessas dificuldades, você pode ajudá-lo sendo carinhoso, paciente e tranquilizador.

Acima: O anel peniano é um aparelho antigo que ainda tem seu valor para ajudar a manter uma ereção por um longo período. Ele retém o fluxo sanguíneo no pênis, ajudando-o a se manter duro. É seguro usá-lo desde que ele não esteja muito apertado e não corte a carne.

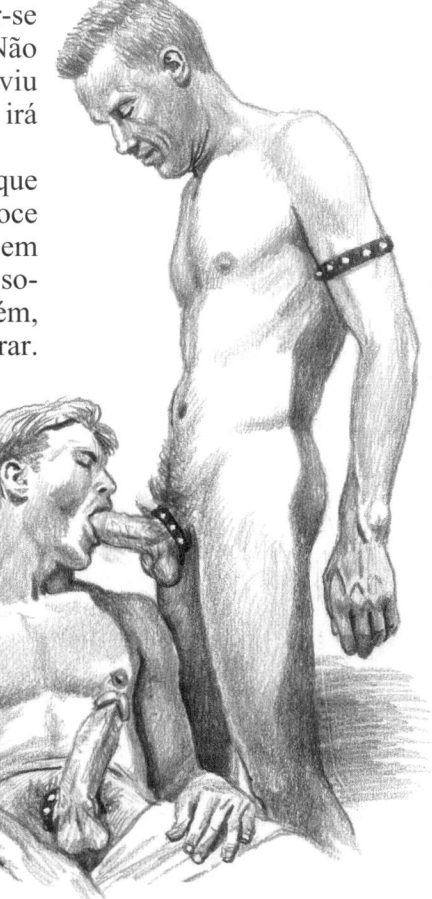

Capítulo 4

Sobre o Conhecimento Necessário aos Parceiros

Saúde e Embelezamento

É essencial conhecer as doenças que podem acompanhar a atividade sexual. Depois pode-se enfatizar como embelezar e perfumar o corpo para atrair seus amores.

Doenças sexualmente transmissíveis

O HIV é transmitido pelo sangue e outros fluidos corporais. Entre os gays, a forma mais comum de transmissão é no coito anal sem proteção. As únicas proteções conhecidas são a camisinha e o sexo protegido. Uma vez adquirido o vírus, não há cura. Pratique sexo seguro sempre, e a probabilidade é que você tenha uma vida longa e feliz, cheia de excitação sexual e variedade.

As hepatites B e C são vírus transmitidos pelo sangue que atacam o fígado. Eles se espalham da mesma forma que o HIV, mas são cem vezes mais infecciosos; uma grande porcentagem dos homens gays ativos já estão infectados. Alguns tipos de hepatites são potencialmente letais.

Os sintomas de hepatite incluem cansaço, náuseas, falta de apetite e aversão a álcool e fumo. Durante o estágio agudo da doença, quando ela é mais infecciosa, a pele pode ficar amarela e pode-se ter febre, urina escura, fezes claras e sensibilidade abdominal na área do fígado. A recuperação demora até seis meses, durante os quais o paciente fica letárgico e deprimido. Entretanto, ela

Acima: Com a medicina moderna, agora podemos obter alívio e proteção das doenças associadas ao amor. Mas onde a medicina não pode curar, o conhecimento e o sexo seguro são, de longe, a melhor proteção.

Página oposta: Perseu foi um deus grego de grande beleza, coragem e ousadia, arquétipo primordial para muitos heróis hollywoodianos modernos conhecidos por atraírem muitos seguidores gays. Uma de suas maiores aventuras, retratada aqui, foi o resgate de Andrômeda das garras de um monstro do mar.

Saúde e Embelezamento **113**

Acima: A separação rígida entre homens e mulheres em algumas culturas estimulou a formação de subculturas homossexuais. Nesta pintura um rei persa é entretido por seu pajem.

pode ser assintomática ou os sintomas podem ser tão leves que passam despercebidos.

Uma vez adquirida, não há cura para a hepatite, mas existe uma vacina que oferece proteção na maioria dos casos. Se você for um homem gay sexualmente ativo, consulte-se com seu médico e peça pela vacina.

O herpes genital, causado pelo vírus herpes simples, pode ser bem doloroso. É o mesmo vírus que causa bolhas na boca, e erupções semelhantes podem aparecer em qualquer lugar do corpo. Os homens gays que fizeram sexo com alguém infectado por herpes provavelmente encontrarão os sinais da infecção no pênis ou no ânus. Ainda não há cura, mas pomadas podem acelerar a erradicação das bolhas. Se você estiver infectado, não faça sexo enquanto seu corpo estiver com bolhas, pois elas são muito infecciosas. Você também deve procurar por elas no corpo do seu amante. É seguro fazer sexo quando elas não estiverem presentes.

A sífilis, uma das doenças venéreas mais perigosas, pode permanecer não detectada, pois os sintomas variam muito e nem sempre são reconhecidos. Em seu estágio final, pode aleijar, ou até matar, suas vítimas.

Ela costuma ser transmitida por contato sexual. Ao contrário das concepções erradas comuns, você não pega se beber do mesmo copo ou pelo contato com um assento de privada ou maçaneta. A bactéria que causa a sífilis costuma viver na umidade, em áreas quentes do corpo, portanto, elas podem se alojar nos genitais, na garganta, no ânus ou na boca. O primeiro sinal de sífilis é uma ferida, aproximadamente do tamanho de um feijão cozido, que aparece cerca de quatro semanas após a infecção. Se ela estiver em um local escondido, você pode nem perceber.

Algumas vezes, a fase seguinte se manifesta como uma erupção cutânea e, possivelmente, uma febre. Duas semanas depois, a segunda fase terá passado e as bactérias se esconderão em seu corpo. A doença permanecerá inativa, mas poderá reaparecer no terceiro estágio, quando poderá atacar o coração ou o sistema nervoso. A sífilis pode ser tratada com antibióticos se detectada nos primeiros estágios. É essencial fazer exames regulares se você for um homem sexualmente ativo.

A gonorreia é a DST mais comum e se alastra na comunidade gay. Ela pode ser tratada com rapidez e facilidade com antibióticos. Se achar que foi infectado, consulte seu médico assim que for possível e, enquanto isso, abstenha-se de sexo.

A gonorreia entra no organismo pelas mucosas, por isso você pode ser infectado pela boca, pela garganta, pelo reto ou pelos olhos. Provavelmente o primeiro indicativo da infecção será a secreção de pus no pênis. Você pode percebê-lo no pijama ou na cueca. Às vezes ela é assintomática e você nem percebe que tem a doença. Mas se deixada sem tratamento, ela pode levar a uma forma de artrite. Por ser sexualmente ativo, você deve fazer exames regulares.

O piolho púbico, às vezes chamado de chato, são criaturas incômodas que podem ser passadas durante o contato sexual. Eles vivem e se reproduzem no pelo pubiano, alimentando-se do sangue, provocando coceira e irritação. Eles podem ser erradicados com tratamentos especiais, disponíveis em farmácias. Não tente tratá-los borrifando inseticida em si mesmo, pois isso é perigoso.

Como embelezar e perfumar o corpo

Um dos estereótipos mais comuns sobre os gays é que todos eles têm um belo corpo torneado, vestem-se na última moda, ostentam penteados caros e transpiram bom gosto. Com certeza, há muitos gays, principalmente os que competem no mercado por sexo e romance, que cuidam muitíssimo bem de si.

Embora nem todos queiram gastar um tempão na academia ou têm o dinheiro para comprar roupas de grifes caras, ainda há muita coisa que você pode fazer para se tornar mais atraente. De fato, alguns dos homens mais desejáveis que vemos ao nosso redor não vestem nada caro, longe disso. Às vezes uma roupa velha e esfarrapada dá uma ênfase erótica em um belo corpo.

Nós dissemos que o *Kama Sutra* encoraja o cultivo de muitas habilidades de vida para que não tenhamos que depender exclusivamente da juventude e da beleza física para sermos atraentes aos outros. Não faltam produtos de beleza para os homens e tanto livros como revistas sobre como ficar bonito, em forma e se vestir bem proliferam nas bancas. Leia algumas delas e veja o que os especialistas têm a dizer. O mais importante, no entanto, é escolher o estilo que o deixe mais confortável.

A imagem que você escolhe adotar dependerá totalmente da confiança que sentir com ela e quanto pode pagar por isso. Se estiver pensando em mudar como você se apresenta, peça a opinião de amigos de confiança. Experimente e faça transformações

Página oposta: Sem sabão na época, esse atleta bem torneado do século V está usando o método de limpeza tradicional. Ele despeja azeite em seu corpo e depois o raspa com um estrígil, um utensílio feito geralmente de madeira ou metal.

Saúde e Embelezamento **117**

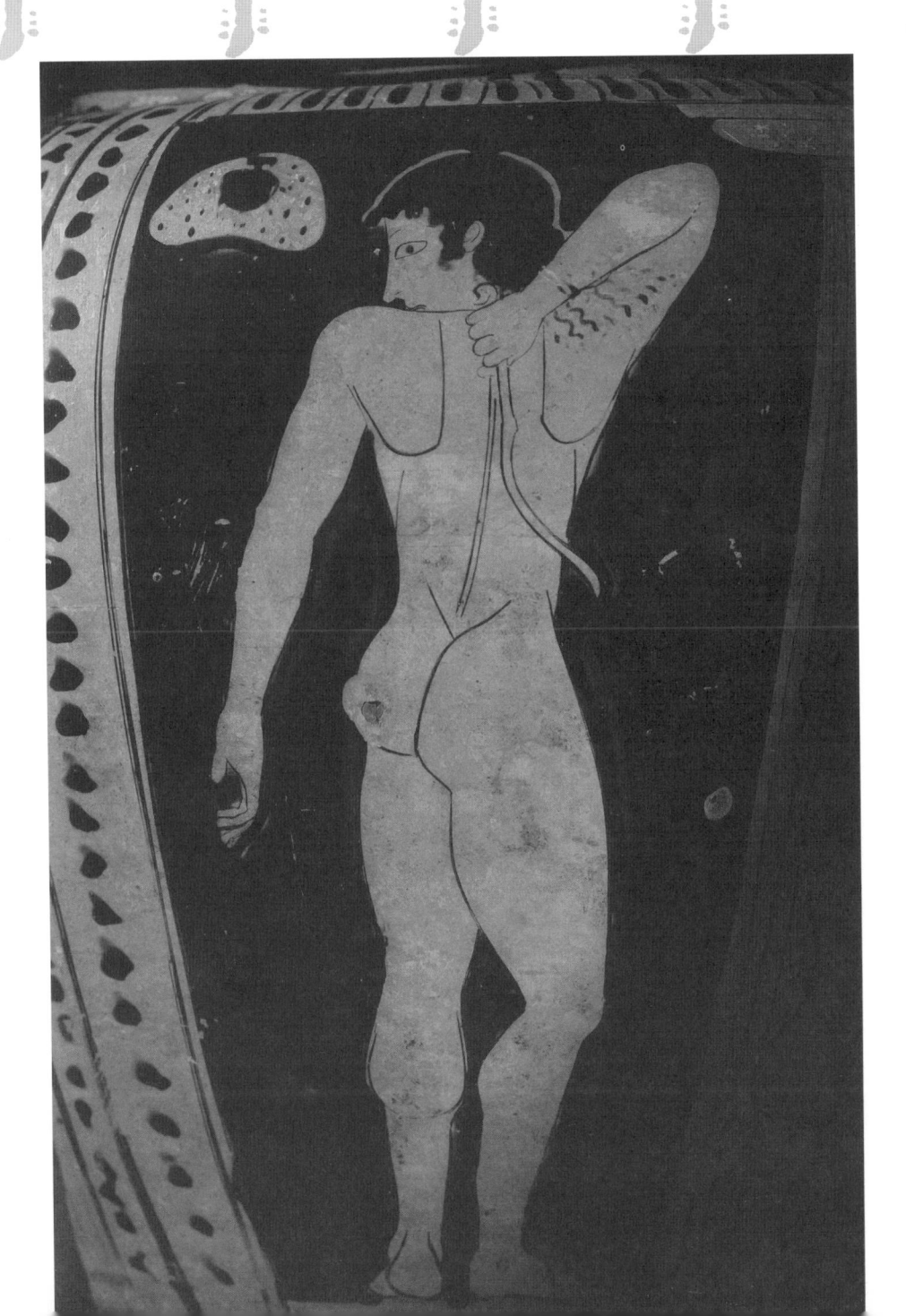

118 Sobre o Conhecimento Necessário aos Parceiros

frequentes até encontrar o que funciona melhor para você na arena dos contatos românticos.

Mesmo se não tiver a aparência de um astro do cinema ou um corpo musculoso, você ainda pode ter uma bela voz modulada que fala de segredos obscuros e potencial erótico. Você pode mostrar interesse nas vidas e nas atividades das pessoas e ser capaz de compartilhar o que seu parceiro ama entusiasticamente e isso trará felicidade e o interesse de outros.

Página oposta: Embora antigos acadêmicos defendam o ato na água para amantes, Vatsyayana desaprovava, pois ela destruía o sêmen "divino". Chuveiros, banheiras, piscinas e ofurôs modernos apresentam muitas oportunidades para o sexo submerso.

O *Kama Sutra* ensina que existe uma ligação muito poderosa entre o sentido do olfato, a excitação e o prazer sexual. Os amantes devem tomar banho e se perfumar juntos com essências de flores, perfumes e óleos perfumados antes dos encontros íntimos. Queimar incenso e passar um creme de sândalo também é recomendado.

Seleções modernas de sabonetes e óleos corporais para homens, além de loções pré e pós-barba, são quase infinitas. Nos tempos de Vatsyayana, perfumes e unguentos eram mercadorias preciosas, reservadas exclusivamente para os muito ricos e as classes privilegiadas. Hoje em dia, perfumes tentadores e exóticos estão disponíveis para todos e, com uma seleção cuidadosa, eles podem criar uma associação na mente do seu amante entre você, seu perfume e a experiência sexual.

O asseio, é claro, é uma das principais virtudes para os amantes. E o banho juntos pode ser uma experiência maravilhosa. Vatsyayana não encoraja a o ato sexual na água, por considerar o sêmen como precioso e algo que não deveria entrar em contato com a água. Acadêmicos antigos, porém, achavam que a experiência sexual usando a água era deliciosa e deveria ser aproveitada.

O sexo no chuveiro ou em uma banheira de hidromassagem é uma fantasia comum na pornografia gay e os prazeres são muito copiados. O estalo da água na pele durante o sexo cria uma sensação estranha e agradável. Pode-se usar o chuveirinho, é claro, e direcionar o jato de água quente para partes sensíveis do corpo, como o ânus e o pênis, para produzir uma sensação maravilhosa. Os chuveiros elétricos vêm bem a calhar nesse cenário.

Se couberem dois na sua banheira, então vocês podem passar muitas horas felizes deleitando-se na água perfumada. O ofurô e a sauna também têm seus aficionados e, por sua associação com a nudez, eles se tornaram erotizados.

Dar banho um no outro como um prelúdio do sexo é uma experiência que muitos acham profundamente atraente. Decore o banheiro com velas aromáticas e passe óleos perfumados na pele do seu amado. Lavar os órgãos genitais de seu parceiro tem uma intimidade que serve como uma abertura perfeita para o amor.

Pelo corporal

A questão do pelo corporal atormenta muitos gays. Depois de passar gastar tanto tempo e esforço tonificando seu corpo, muitos relutam em ter os músculos resultantes escondidos por pelo. O uso de cremes depilatórios e cera são dois métodos de remoção do pelo corporal e passar lâmina de barbear pelo corpo se tornou uma experiência erótica.

Alguns homens gostam de depilar apenas o pelo do peito, para que seus músculos peitorais bem definidos, conquistados com muito esforço, possam ser vistos sem que o contorno seja interrompido. Outros preferem depilar o corpo todo, até a cabeça, para apresentar uma extensão de carne macia e reluzente para seu parceiro.

Se você decidiu depilar seu corpo, por que não transformar a depilação em uma experiência sexual excitante convidando seu amado para fazer isso para você? Depois de depilar seu peito, convide-o para cortar e depilar o pelo nas suas partes íntimas. O pelo pubiano pode ser moldado em formatos interessantes e depilar a parte externa do bumbum e o cofrinho pode dar um tesão incrível. Para uma excitação extra, seque bem a área e finalize depilando em volta do ânus com um barbeador elétrico.

Tirar o pelo de volta do ânus facilita e o deixa mais higiênico para ser usado como um playground sexual, embora, é claro, o local possa ficar irritado e coçar quando o pelo começar a crescer de novo. Compre cremes hidratantes na farmácia para acabar com essa inconveniência.

Cada vez mais, no entanto, o pelo corporal é considerado uma indicação erótica de masculinidade e mais homens escolhem apenas aparar e limpar em vez de removê-los completamente.

Esquerda: Esse detalhe de um mosaico encontrado na Tunísia mostra o pastor de pele macia Endimião chamando a atenção da deusa Selene. A remoção do pelo corporal masculino por higiene, estética e erotismo tem sido praticada em várias culturas há séculos. Contudo, o hirsutismo está cada vez mais sendo visto como um sinal de masculinidade vigorosa.

Tatuagens

A tatuagem é uma arte antiga encontrada em muitas culturas e seu apelo é atemporal. As tintas e os corantes especiais usados para tatuagens são injetados sob a superfície da pele e ficam permanentemente presos lá pelo colágeno. O processo é realizado com agulhas acionadas por algo parecido com uma máquina de costura que perfura a pele 3 mil vezes por minuto.

A tatuagem é uma arte especializada e não deve ser tentada por amadores. Se você estiver cogitando fazer uma tatuagem, procure um artista bem-conceituado que cuide de seu equipamento e esterilize suas agulhas adequadamente. Agulhas não esterilizadas podem resultar na transmissão de HIV, hepatite B e outras doenças transmissíveis pelo sangue.

Alguns se excitam com o desafio da dor da aplicação da tatuagem, enquanto outros preferem usar pomadas analgésicas para ajudá-los no processo.

Alguns desenhos são pequenos e colocados em locais discretos, enquanto outros são grandes e cobrem extensas áreas de pele nas costas ou no peito. Mas, lembre-se, uma vez aplicados, eles são quase impossíveis de retirar sem muita dor, gasto e cicatrizes. Pense muito bem antes de fazer tatuagens no rosto ou em qualquer outra área exposta.

Se você estiver cogitando seriamente fazer uma tatuagem, por que não experimentar uma versão temporária primeiro, ver se gosta e avaliar como seu parceiro reagirá a ela? A vantagem da tatuagem temporária, seja um decalque ou uma *mehndi*, é que quando estiver cansado dela, poderá trocar por outra coisa.

Os decalques são uma escolha excelente para um único evento, quando você quer transmitir uma mensagem específica e uma rápida busca na Internet revelará uma enorme gama de produtos disponíveis, de desenhos pequenos e braçadeiras a grandes imagens

Saúde e Embelezamento **123**

que cobrem áreas maiores. Eles são relativamente baratos e fáceis de aplicar, e você pode ter uma tatuagem diferente para cada estação, evento e ocasião. Alguns fabricantes criarão decalques personalizados, então a imaginação é o seu único limite.

A *mehndi* é outra opção para criar desenhos temporários na pele. Consiste em desenhar na pele com uma pasta feita de hena.

Acima: As antigas artes do piercing e da tatuagem ainda são extremamente populares na cultura ocidental. A arte corporal com hena, ou *mehndi*, é uma alternativa para aqueles que não querem uma tatuagem permanente.

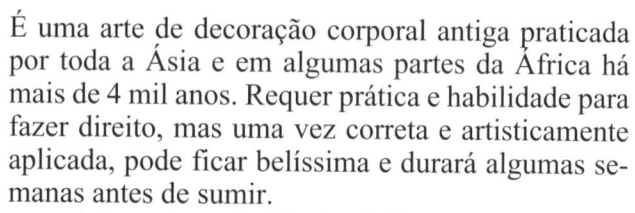

É uma arte de decoração corporal antiga praticada por toda a Ásia e em algumas partes da África há mais de 4 mil anos. Requer prática e habilidade para fazer direito, mas uma vez correta e artisticamente aplicada, pode ficar belíssima e durará algumas semanas antes de sumir.

A hena é produzida das folhas de um pequeno arbusto, *Lawsonia inermis*, que são secas e moídas até formar um pó. Este então é transformado em uma pasta e aplicado na pele para criar desenhos. Como às vezes a hena pode causar reações cutâneas adversas, teste em uma pequena área escondida primeiro, principalmente se estiver planejando aplicá-la em áreas maiores.

Os kits de *mehndi* podem ser comprados facilmente com vendedores na Internet ou ser encontrados em lojas especializadas em arte corporal. Os desenhos tradicionais podem ser intricados, mas você pode criar algo mais pessoal. Você e seu parceiro podem passar o tempo decorando as áreas mais íntimas como parte de uma preliminar.

Piercing

O *piercing* corporal e a inserção de joias nos furos resultantes também é uma arte antiga que se tornou popular novamente. Todo o ritual tornou-se complexo e elaborado, além de ser uma declaração forte sobre quem você é e onde se encaixa na sociedade.

Todos nós estamos familiarizados com orelhas furadas e brincos, mas as joias também podem ser inseridas nos lábios, na língua, na sobrancelha, na bochecha e no nariz. Os *piercings* nos mamilos também são populares e no umbigo é comum.

O *piercing* nos genitais para decoração com várias barras de metal e joias é popular entre os fãs verdadeiros de arte corporal, mas ele pode ser perigoso e deve ser realizado com o maior cuidado, sob a supervisão de operadores experientes e responsáveis.

Os estilos de *piercing* genital mais comuns entre os homens são:

O *Prince Albert*. Esse é provavelmente o mais popular de todos. Na maioria dos casos, insere-se um tubo para receber a agulha na uretra e então introduz-se a agulha de fora e ela passa por esse tubo. Insere-se então um anel de metal que entra na uretra e sai embaixo ou em cima do pênis.

O Frênulo. Muito popular, perdendo apenas para o Prince Albert. A agulha perfura a pele flexível da parte debaixo da haste logo atrás da glande. Há outras duas variações do frênulo: o *lorum*

Acima: Essa ânfora grega retrata um simpósio. Simpósios eram festas regadas a bebidas apenas para homens. Os aristocratas muitas vezes aproveitavam esses eventos para instruir seus amantes mais jovens na arte da boa cidadania – e do sexo.

(frênulo inferior, colocado na base da haste (perto do saco escrotal) e a escada (vários *piercings* de frênulo da base da haste ao topo).

O *piercing* de prepúcio obviamente limita-se ao pênis não circuncidado. Ao contrário da Antiguidade em que era usado como um acessório para a castidade por escravos, hoje é usado para intensificar o sexo. O prepúcio pode receber um ou vários *piercings*.

O saco escrotal pode ser perfurado em qualquer lugar e é relativamente indolor em razão da pouca elasticidade da pele. As desvantagens são que, por causa da transpiração natural e da falta de ventilação, irritações são comuns, dificultando o processo de cicatrização.

O *Ampallang*. Um dos *piercings* masculinos mais difíceis, o *ampallang* é doloroso e pode machucar os nervos e as artérias do pênis se não for feito corretamente. O furo é feito na glande na horizontal e ele pode ser feito acima, abaixo ou atravessando a uretra, dependendo do indivíduo. Por causa do desconforto e dos perigos graves potenciais não é de se admirar que não seja uma escolha popular.

O *Apadravya*. Semelhante ao *Ampallang*, exceto por ser feito na vertical em vez de ser colocado na horizontal pela glande (cabeça) do pênis. Foi mencionado no *Kama Sutra* como um *piercing* erótico para excitação visual e física. Sua colocação pode ser também um processo lento e extremamente doloroso, podendo resultar em um sangramento perigoso e prolongado se não for feito adequadamente. O *Apadravya* é só para os mais determinados e deve ser realizado sob condições de higiene estritamente controladas.

Esses *piercings* mais esotéricos são o território de especialistas, claro. Você deve usar apenas os operadores mais habilidosos, qualificados e meticulosos com a limpeza para realizar esses realces e precisa estar ciente das complicações que podem surgir, buscando assistência médica imediatamente se algo der errado.

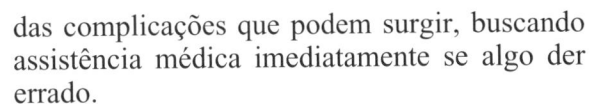

Use apenas joias da melhor qualidade de um comerciante bem-conceituado em seus *piercings*. Joias baratas podem causar problemas graves: metais tóxicos podem entrar na uretra e provocar danos aos rins.

O alimento do amor

Os afrodisíacos, alimentos e substâncias conhecidos como estimulantes do desejo sexual, têm um capítulo só seus no *Kama Sutra*. Mas poucas iguarias que Vatsyayana recomenda estão disponíveis para o ocidental médio que busca o prazer. Por exemplo, se um homem quiser "se tornar belo aos olhos dos outros", deve "comer o pó do *Melumbrium speciosum*, a flor de lótus azul e a *Mesna roxburghil*, com manteiga *ghee* e mel".

Entretanto, Vatsyayana também sugere algumas plantas venenosas que seriam perigosíssimas de consumir.

Abaixo. Dionísio era a versão grega do deus Baco e está associado, entre outras coisas, ao vinho e à vinicultura. Às vezes, seus adoradores o retratavam como uma divindade selvagem e imprevisível, livre das inibições pelo consumo do vinho.

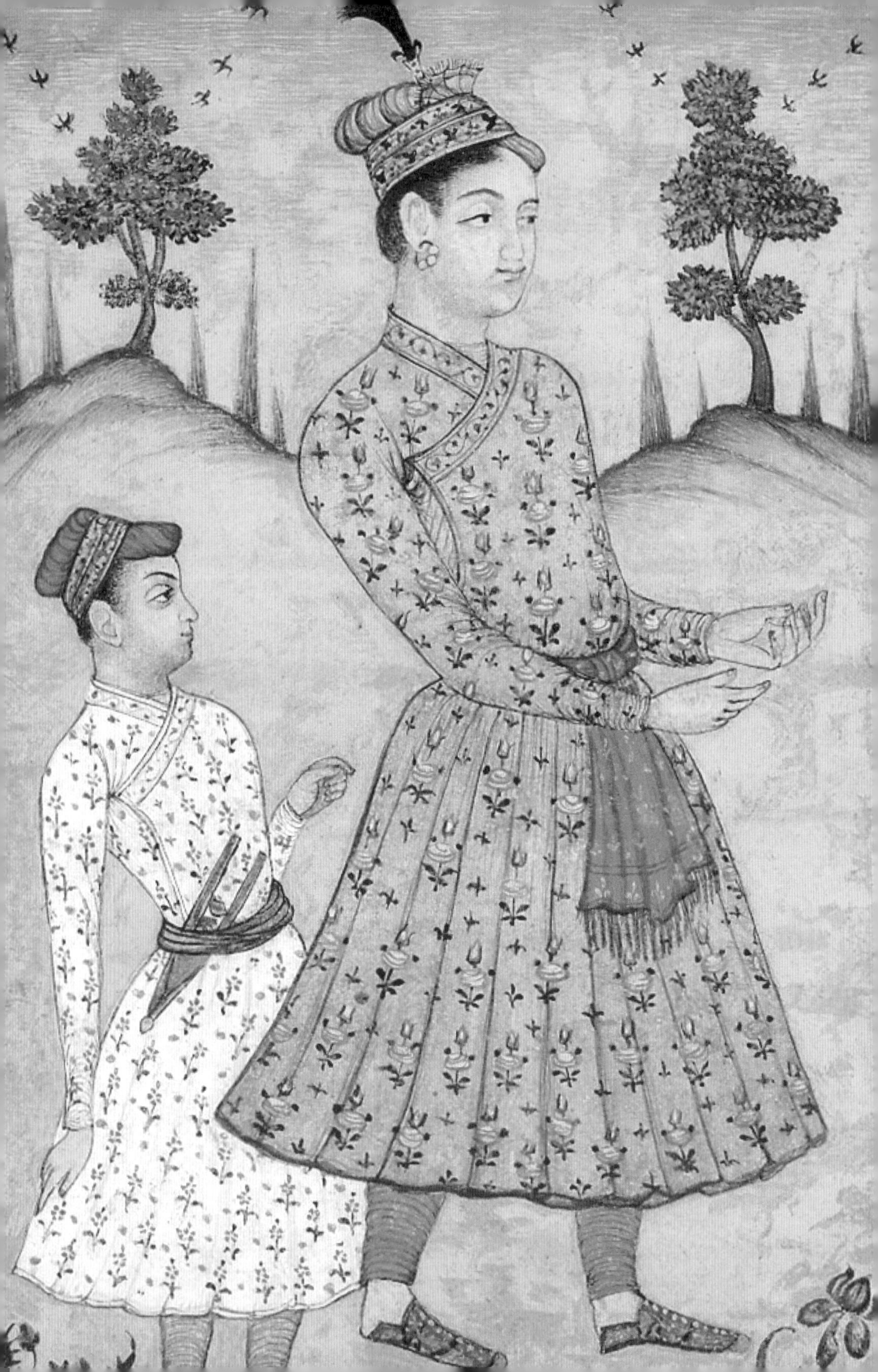

Vários preparos são recomendados para aumentar o vigor sexual. O mais fácil de preparar consiste de partes igual de *ghee* (manteiga clarificada), mel, açúcar, alcaçuz, o suco da erva-doce e leite. Esse preparo é descrito como um "néctar" que provoca vigor sexual.

Leite, alcaçuz e açúcar/mel têm um papel central em muitas das receitas de Vatsyayana. Outros ingredientes podem incluir um parente do aspargo, o *shitawari* (*Asparagus racemosus*), a pimenta longa (*Piper longum*) e as sementes ou raízes da *Trapa bispinosa*.

Em recomendações mais exóticas, o *Kama Sutra* sugere cozinhar o testículo de um carneiro ou bode em leite, adicionar açúcar e beber a mistura para aumentar o tamanho do pênis. (Outras receitas que dizem aumentar o tamanho do *lingam* pela aplicação de várias poções são, na maioria, compostas por substâncias venenosas e devem ser totalmente evitadas).

Sabe-se muito mais hoje sobre os efeitos da dieta sobre o corpo do que teria sido possível nos dias de Vatsyayana. Graças aos avanços científicos, temos agora um conhecimento preciso sobre quais alimentos devemos comer para manter o corpo forte, saudável, bem condicionado e magro, e os que devemos evitar se não quisermos ficar flácidos e letárgicos. Uma dieta rica em frutas, verduras e legumes nutritivos, castanhas, nozes e sementes, com proteína o suficiente da carne e de outras fontes para equilibrar a dieta garantirá que seu corpo fique vigoroso e seja capaz de desfrutar das excitações sexuais que desejar. Também ajudará a manter cabelos e dentes fortes e uma compleição jovem. O homem moderno terá de encontrar seus próprios alimentos do amor e aderir a uma dieta que provavelmente aumentará seus atrativos para amantes em potencial.

Página oposta: A busca por afrodisíacos, ervas e poções que estimulam o vigor sexual, é comum a todas as culturas por toda a história. Agora, os farmacêuticos costumam fazer o trabalho que, em tempos antigos, acreditava-se precisar da intervenção da magia.

O cidadão romano Sêneca deu este conselho para seus conterrâneos que buscavam obsessivamente uma mistura mágica de ingredientes para aumentar libido e potência: "Eu lhes mostrarei um filtro sem poções, sem ervas e sem o feitiço de uma bruxa, se quiserem ser amados".

De muitas formas, a indústria farmacêutica acabou com a busca por afrodisíacos ao introduzir o Viagra e medicamentos semelhantes. Não há nada mágico nesse comprimido — ele é produto da ciência e funciona. Para que cair na conversa das palavras lisonjeiras do vendedor de óleo de cobra, quando a resposta está no seu médico?

Da mesma forma, o alimento pode desempenhar um papel muito importante em qualquer ligação romântica e, por isso, ainda pode ser considerado como um elemento essencial para um encontro sexual de sucesso. Compartilhar uma refeição com alimentos especiais e exóticos sempre fez parte do ritual de namoro. Uma refeição como essa ativará todos os sentidos e preparará os amantes para terem mais prazer. Uma refeição planejada com habilidade e cuidado estimulará olfato, visão e paladar. Um repasto glorioso, compartilhado em ambientes românticos, pode levar a um estado de euforia muito semelhante a uma experiência sexual.

Ingredientes caros e difíceis de encontrar que não sejam familiares ajudarão a preparar os sentidos para outras delícias exóticas e nunca antes experimentadas que virão depois. Caviar (ovas de esturjão) e aspargos (note a semelhança com o pênis) são favoritos, bem como as trufas e outros fungos raros. Champanhe e outros bons vinhos diminuirão as inibições (embora seja melhor tomá-los com moderação, pois, como Shakespeare fala do álcool, "incita o desejo, mas atrapalha o desempenho"). Alimentos para comer com as mãos são apropriados para a intimidade criada por dar guloseimas um ao outro.

Os frutos do mar têm a fama de aumentar o desejo sexual. Ostras, lagostas, mariscos e mexilhões são considerados por muitos como o alimento dos amantes, e peixes como o linguado e o rodovalho sempre impressionarão (principalmente por serem caros). Verificou-se que o chocolate contém feniletilamina, uma substância que também é produzida pelo corpo quando estamos apaixonados. Experimente comer apenas chocolates da melhor qualidade com um alto teor de cacau (por volta de 70% é melhor).

Se você tem dúvida sobre suas habilidades culinárias, um restaurante romântico e aconchegante é uma opção mais fácil, mas, onde for jantar, prefira sempre uma refeição erótica leve ou poderá acabar ficando com sono e não com tesão.

Acima: A história de Hércules e sua força lendária é um mito duradouro que inspirou muitas fantasias homoeróticas. O apelo do "homem montanha" ainda é tão potente como nunca, e atores muito musculosos são muito procurados no erotismo gay.

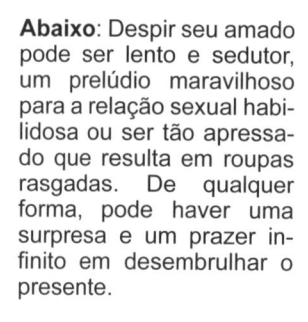

Abaixo: Despir seu amado pode ser lento e sedutor, um prelúdio maravilhoso para a relação sexual habilidosa ou ser tão apressado que resulta em roupas rasgadas. De qualquer forma, pode haver uma surpresa e um prazer infinito em desembrulhar o presente.

Massagem

Uma massagem sensual é o prelúdio perfeito para um encontro sexual prolongado e explora totalmente o sentido do tato.

Vocês podem despir um ao outro devagar e se insinuando para o parceiro para começar com uma massagem suave nas áreas de pele que ficam expostas.

Quando os dois estiverem nus, ajoelhem-se de frente para o outro e comecem sua massagem com a cabeça. Massageie suavemente as têmporas em um movimento circular, tomando o cuidado de não aplicar pressão demais. Depois passe para as orelhas, afagando os lóbulos e gentilmente passando seu dedo na parte de dentro.

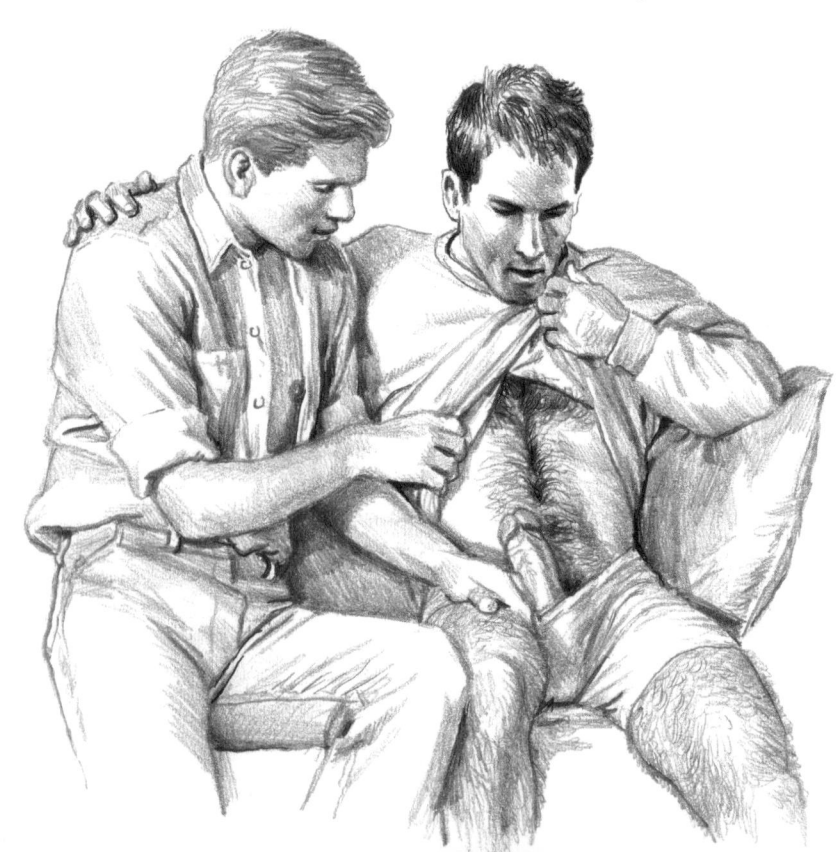

Em seguida, dê tapas com os dedos em um movimento simétrico amplo por toda a cabeça, o que ajuda a liberar a tensão e gera serenidade. Acariciar com o dedo o contorno do nariz, dos lábios, das bochechas e do queixo do seu parceiro lhe mostrará como você o acha atraente.

Peça para ele se deitar de barriga para baixo em uma superfície quente, mas confortável, como um tapete. Monte nele e coloque suas mãos nas costas dele. Então aplique pressão e toque suas costas, seus ombros, suas pernas, mãos e pés.

Dê uma atenção especial às mãos e aos pés, alongando os dedos, beijando e chupando-os como uma prévia dos grandes prazeres que virão a seguir.

Toque cada parte do corpo do seu parceiro: a nuca, as axilas, a parte de trás dos joelhos, cotovelos e coxas. O bumbum precisa de atenção especial por terem músculos mais firmes que precisam ser apertados e massageados com mais firmeza. Afaste suas pernas e toque suavemente na parte interna da coxa, roçando "acidentalmente" nas suas bolas e no ânus para gerar uma tensão erótica que pode ser liberada depois.

Agora vire seu parceiro de barriga para cima e monte nele de novo. Para aumentar a expectativa dele, você talvez não queira fazer contato com os genitais de cara, mesmo que ele possa ter uma ereção, mas você pode ajoelhar-se ao lado dele e começar sua massagem em seus ombros. Desça sua mão pelo peito dele em movimentos circulares, dando uma atenção especial aos mamilos, que devem ser estimulados antes de passar para o abdômen. Use toques um pouco mais firmes para evitar cócegas. Dê atenção ao umbigo e depois massageie os dois lados do quadril ao mesmo tempo em um movimento de estocada.

Abaixo: A massagem é uma forma excelente de relaxar seu amado e fortalecer a confiança entre vocês. Suas manipulações não são só prazerosas, elas podem se tornar um prelúdio importante para a relação sexual.

Roce levemente os genitais para provocar, fazendo apenas o contato mais suave ao desviar deles para massagear das coxas até os pés. Em seguida, você pode adicionar um elemento mais abertamente sexual na massagem lambendo, beijando e mordiscando suavemente áreas estratégicas. Comece acariciando o pescoço com os lábios. Então, cheire, beije e lamba a garganta e o queixo até as orelhas, que pode ser explorada com a língua. Passe para os mamilos, que você deve lamber, chupar e mordiscar.

Depois de criar uma grande expectativa para seu parceiro, siga suavemente até à área genital, beijando e chupando em volta da área antes de passar a brincar com o pênis e as bolas dele. Você provavelmente vai querer masturbá-lo neste estágio, mas observe bem suas reações, pois não vai querer que ele atinja o orgasmo rápido demais. Agora pode montar no seu parceiro e encostar seus genitais nos dele. A massagem pode ser intensificada com o uso de penas, óleos, lubrificantes, vibradores, outros brinquedos eróticos e até um pouco de conversa picante também.

Quando massagear, lembre-se sempre de observar bem as reações do seu parceiro. Se ele se esquivar e parecer ansioso ou desconfortável em algum ponto, tente outra coisa. Se ele suspirar de satisfação, então saiba que você está lhe dando prazer, então continue o que está fazendo.

Brinquedos eróticos

Instrumentos, ou brinquedos eróticos, para aumentar o prazer sexual, fazem parte da experiência sexual humana desde as eras pré-históricas, embora hoje em dia existam muito mais brinquedos de boa qualidade do que nunca. Eles são facilmente encontrados em sex shops, ou em vendas pelo correio ou pela Internet. A regra básica sobre os brinquedos eróticos é: quanto mais simples eles forem, mais eles conseguirão dar prazer. Máquinas elaboradas que prometem o êxtase raramente cumprem a promessa.

Talvez o brinquedo mais popular entre os homens gays seja o consolo, que pode ou não vibrar. O anel peniano e o plug anal também são muito comuns.

O consolo é um brinquedo em formato fálico – de fato, alguns deles foram fabricados com os moldes dos pênis dos astros pornôs favoritos. Feitos de plástico ou borracha, eles vêm em uma gama desconcertante de tamanhos e formatos. Sempre haverá um para satisfazer quaisquer gostos. Alguns deles vibram para uma sobrecarga extra de prazer sensual e alguns têm duas cabeças para que os amantes possam usá-los ao mesmo tempo.

Se introduzir um consolo na sua relação sexual, veja se ele tem uma alça ou corda na ponta para que possa ser extraído com facilidade. Use sempre um lubrificante e não seja bruto se estiver usando brinquedos para dar prazer ao seu parceiro, pois eles podem ser inflexíveis e provocar ferimentos ao frágil canal anal.

Se o consolo for usado por mais de uma pessoa, lave-o bem entre os usos, de preferência com uma solução esterilizante suave (o tipo de produto usado para limpar mamadeiras).

Acima: As bonecas Kachina são artefatos religiosos feitos pelos índios Hopi do Arizona e cada uma representa um espírito tribal. Essa, do século XIX, está pintada com símbolos fálicos e provavelmente representa a fertilidade.

As bolinhas do amor são uma corda com pequenas esferas de madeira ou de plástico que são inseridas no ânus e depois retiradas devagar durante o orgasmo para intensificar a experiência. Deve-se limpá-las regularmente do mesmo jeito que o consolo.

Plugs anais são cones sólidos de borracha ou plástico. Eles devem ser colocados delicadamente no ânus. Diferem dos consolos por servirem apenas para dilatar o ânus, facilitando a penetração. Algumas pessoas gostam de manter seu plug anal por um tempo mais longo.

Sempre lubrifique o plug antes de inseri-lo e lave-o da mesma forma que o consolo.

Ao explorar o mundo dos brinquedos eróticos, invariavelmente, você se deparará com o boneco inflável, um manequim em tamanho natural com todos os traços anatômicos para seu prazer. Seu boneco terá dois orifícios, um na boca e outro no ânus e provavelmente um pênis vibratório.

Alguns desses bonecos são muito grosseiros, ao passo que os modelos mais caros podem ser fabricados de modo mais realista e voluptuoso, com gravações de conversas picantes e pele que produz uma sensação autêntica.

Pornografia

Os homens ficam muito mais excitados com o que veem do que a maioria das mulheres. Por isso a pornografia é uma preocupação tão esmagadoramente masculina.

A pornografia e outras imagens eróticas são muito populares entre os homens gays e têm um propósito útil de fornecer um estímulo sexual para aqueles sem um parceiro ou quando uma excitação a mais for necessária para apimentar uma sessão de masturbação. Filmes pornôs também podem ser uma excelente ferramenta educativa, mostrando explicitamente as muitas formas de expressão sexual possíveis para os gays.

Na maior parte do tempo os cineastas pornôs se comportam com responsabilidade e insistem que seus

Esquerda: As imagens eróticas da forma masculina têm sido populares por toda a história. Agora, com a invenção da fotografia, o erotismo e a pornografia atingiram um nível de sofisticação e clareza inimagináveis para gerações anteriores.

atores pratiquem o sexo seguro. As camisinhas estão muito presentes quando a cena envolve penetração anal, embora haja pouco esforço para erotizar a colocação da camisinha. Alguns filmes adultos, no entanto, mostram práticas sexuais perigosas e encorajam o sexo desprotegido.

Aproveite e aprenda com os filmes adultos, mas, se você se deparar com cenas deliberadamente perigosas, ou filmes que foram feitos antes do advento da AIDS, quando as camisinhas eram consideradas desnecessárias, reflita bem sobre as consequências de imitar esse comportamento.

Os filmes de sexo explícito às vezes fazem as pessoas terem expectativas irreais sobre o que é possível. Lembre-se sempre que os atores desses filmes são seres humanos como você. Suas aparentemente incríveis façanhas de resistência e acrobacias (e orgasmos múltiplos) muitas vezes são o produto de uma edição hábil e não de seu grande talento sexual. Até atores pornôs podem perder uma ereção de vez em quando (embora esses momentos provavelmente acabarão no chão da sala de edição).

Página oposta: Sociedades masculinas muitas vezes produzem casos de amor entre membros que provavelmente jamais teriam ocorrido se as mulheres não tivessem sido excluídas. Isso revela uma elasticidade na sexualidade humana que não deve ser negada, seja qual for o estigma social que atraia.

Bissexualidade

A sexualidade de algumas pessoas não aceita rótulos fáceis como "gay" ou "hétero"; sua orientação é fluida e pode mudar com as circunstâncias e as diferentes épocas da sua vida. Muitos homens que se consideram gays às vezes terão uma aventura sexual com uma mulher, e o mesmo serve para homens que se consideram fundamentalmente héteros. A atração que eles sentem por um indivíduo nem sempre será ditada pelo gênero daquela pessoa, mas, sim, por suas qualidades pessoais e atratividade.

A experimentação e os desejos inconstantes são uma parte natural da constituição sexual de muitas pessoas e, embora isso possa atordoar alguns (principalmente maridos e esposas que de repente descobrem que o cônjuge está apaixonado por outra pessoa – do mesmo sexo), faz parte da ordem natural. Se sua orientação sexual não for tão fixa quanto algumas pessoas gostariam que fosse, saiba que você não é anormal, é simplesmente humano.

Sadomasoquismo

S&M é um ramo da sexualidade que atrai um grande número de pessoas, embora alguns fiquem tão intrigados e atraídos por ele que fazem do S&M o foco de toda sua vida sexual. Outros simplesmente se excitam com a ideia de submissão e dominação.

Mesmo a relação sexual mais leve contém alguns elementos de controle e coerção – dar tapinhas, morder, fazer cócegas, segurar seu parceiro com força e tratá-lo com grosseria será comum em muitos encontros sexuais. Muitas pessoas gostam de levar tudo isso um passo

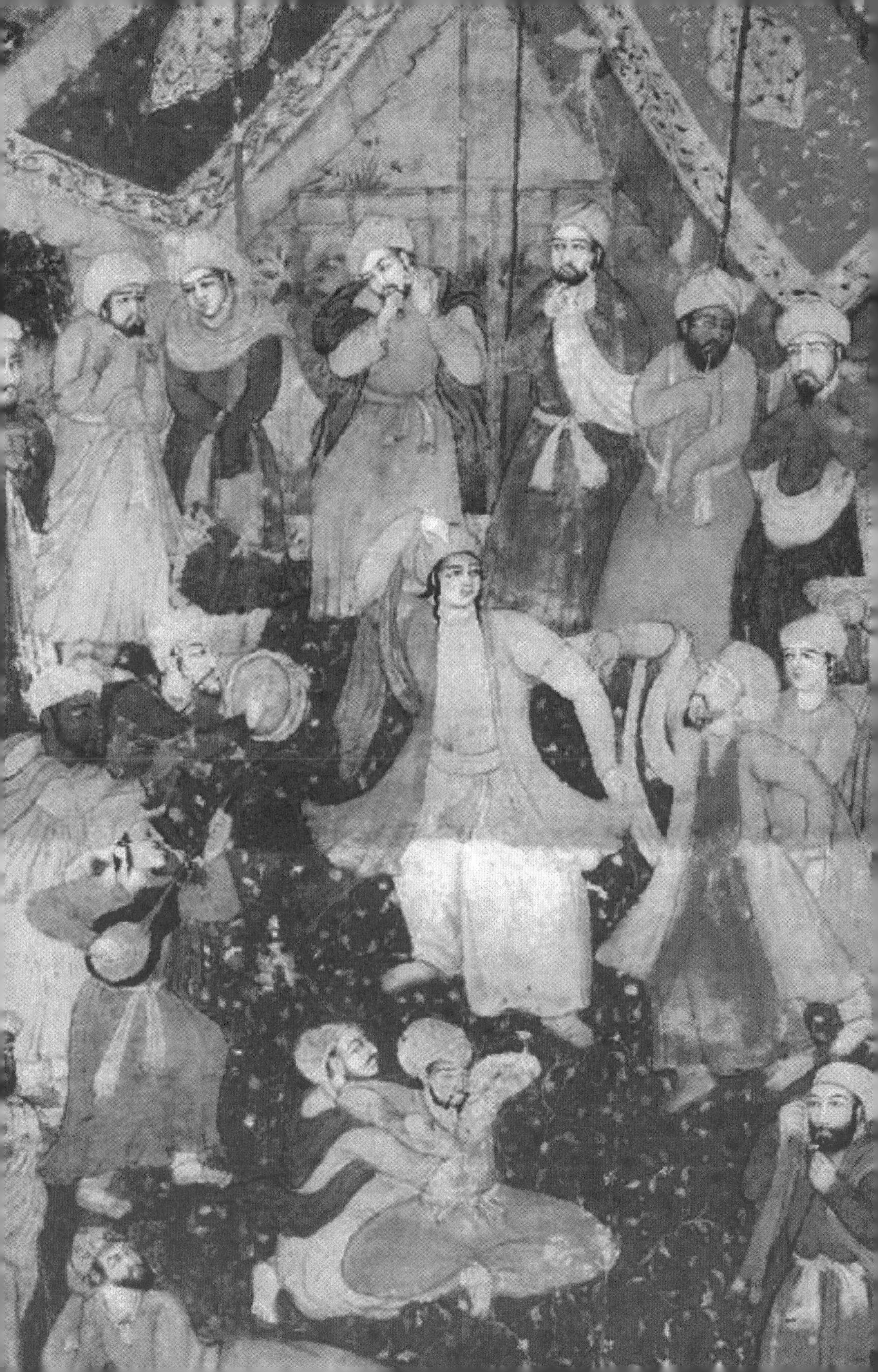

Acima: O sadomasoquismo vai da submissão e dominação leves às cenas de mestre-escravo em grande escala. Muitas vezes inclui o fetiche com roupas, como couro e jeans decorados com correntes, e acessórios como algemas e chicotes.

além. Amarrar seu parceiro à cama para que ele esteja à sua mercê é uma fantasia comum que é facilmente realizada por dois adultos de comum acordo. Algemas e outros tipos mais elaborados de equipamentos para *bondage* podem ser facilmente encontrados em sex shops e na Internet. Vai depender de você se quer apenas se aventurar com um pouco de espancamento e *bondage* ou ir muito mais além com chicotes, correias de contenção e equipamentos de simular tortura.

A palavra crucial aqui é consentimento. Embora um dos participantes concorde em abdicar de sua autonomia pelo período da relação sexual, deve sempre haver um sinal de "pare" que ambos reconhecerão e obedecerão.

Nem precisa dizer que você jamais deve permitir ser contido, amarrado ou deixado completamente vulnerável por alguém que não conhece e em quem não confia. A confiança é um elemento essencial no S&M.

Praticantes experientes de S&M conhecem as regras e estarão familiarizados com as complexidades e nuances dos relacionamentos entre mestre e escravo, mas para aqueles que simplesmente querem experimentar, um cenário básico pode envolver um parceiro amarrando a mão do outro a uma cabeceira, talvez com echarpes de seda, gravatas ou outro material para amarrar que não machuque. Você pode também amarrar seus pés para ele ficar totalmente imobilizado.

Comece então a atormentá-lo com promessas de prazeres sexuais que são oferecidas e depois retiradas. Você pode fazer cócegas nele com penas ou lamber seu corpo em lugares que o deixarão maluco. Depois de provocá-lo bem com essas promessas cruéis e não cumpridas de prazer sexual, passe para a coisa real. O tempo todo, porém, você estará no controle do que for feito e seu parceiro não terá alternativa a não ser deixá-lo usar o corpo dele para seu prazer (dando um enorme prazer para ele no processo, claro).

Desde que tenham combinado uma senha ou sinal indicando que seu parceiro quer parar, você pode usá-lo da forma que preferir, e ele, claro, deve suportar a aplicação no seu corpo de todos os seus caprichos. É uma experiência assustadora e excitante saber que você é um objeto indefeso para o prazer do outro.

Pode ter uma punição corporal leve, como tapas no bumbum ou chibatadas, se isso for desejável ou considerado excitante.

Fetiches

Eles são comuns no mundo gay e costumam envolver tipos de roupas específicos, como couro, borracha, jeans, uniformes, equipamentos profissionais, botas, entre outras coisas. Essas roupas excitam bastante alguns homens e eles fazem de tudo para garantir que elas sempre façam parte de suas aventuras sexuais.

Os fetichistas podem ficar obcecados pelo objeto de sua excitação, e isso pode ser entediante para parceiros que não compartilham de seu entusiasmo. Mas como parte de uma abordagem equilibrada ao sexo, os fetiches podem aumentar a excitação e estimular fantasias.

O órgão sexual mais potente

O *Kama Sutra* encoraja e enaltece as explorações do sexo. Pede para os amantes experimentarem e testarem quase tudo o que aumente a carga erótica. Analisamos apenas um pequeno número das formas infindáveis com que os homens gays podem dar prazer um ao outro. Durante o curso de sua jornada erótica pela vida, você certamente descobrirá muitas mais.

A forma de sentir o orgasmo máximo, o clímax que envolve o corpo todo, é empregar o órgão sexual mais potente de todos: a sua imaginação.

Índice Remissivo

A
Agachamento erótico 92
Amor 5, 10, 18, 47
Ampallang, piercing 126
Antílope 34
Ânus 56
Apadravya, piercing 126
Arbuthnot, F. F. 8
Arranhar e morder 72
Arranhões e mordidas 72
Arthashastra 15

B
"bater com a pica" 74
Beijos 76, 77
Brinquedos eróticos 135
Burton, Sir Richard 8

C
Cachorrinho, posição sexual 92, 99
Camisinhas 41, 45
casamento gay 29
Cavalgada, posição 97
Cavalo 50, 53
Código de Manu 15
Coito anal 89
Conchinha, posição 96
Culto ao lingam 84

D
Decalque, tatuagem temporária 122
Deitados, posição 97
Dentes, felação 88
Dois pilares 91

E
Embelezamento 112
Esfregação 75

F
Felação 84, 87
Fetiches 141
Fricção dupla, posição 98

G
Grécia antiga 69

H
Hércules 36, 75, 104, 131
Heróis sexuais 32
Hijras 13, 14
História 8
HIV 39, 40, 41, 42, 43, 45, 88, 112, 122

I
Ingersoll, Robert G. 22

J
Jaghana 67

K
Kama Sutra 8, 10, 11, 12, 13, 15, 18, 20, 24, 26, 30, 50, 55, 61, 65, 66, 67, 69, 71, 72, 74, 76, 83, 106, 116, 119, 126, 127, 129, 141

L
Lawsonia inermis 124
Leão 36
Lebre 50, 53
Leis 10, 11
Leopardo 37
linguagem corporal 20, 62, 63, 65
Linguagem corporal 62

M
Massagem 132
Masturbação 80
Mesna roxburghil 127

N
Nadra, Serena 14

P
Pênis 48, 52
Piercing 124
Pornografia 136
Posições 80, 84, 90
Preferências 38
Preliminares 48
Príapo 51, 53
Problemas sexuais 107

R
Relacionamentos 102

S
Sadomasoquismo 138
Sedução 48
Sentado, posição 94
Sessenta e nove 85
Sexo grupal 100
Sexo oral 83
Sexo seguro 39
Shiva 37, 48
Sonolenta, posição 98

T
Tantra 23, 24, 48, 105, 106
Tatuagens 122
Touro 50
Trapézio 98

U
Unhas 57
Urso 34

V
Vatsyayana 8, 10, 12, 13, 15, 39, 62, 63, 68, 72, 73, 76, 83, 107, 119, 127, 129
Viagra 108, 130

Créditos das imagens

AKG
Páginas 69, 75, 100, 102, 107, 113, 121, 127, 131, 136, 137

Art Archive
Páginas 103, 117, 128 do original

The Bridgeman Art Library
Páginas 81, 89, 114, 125 do original

Christle's Images Ltd.
Página 139

Werner Forman Archive
Páginas 112, 135

MADRAS® Editora

Para mais informações sobre a Madras Editora,
sua história no mercado editorial
e seu catálogo de títulos publicados:

Entre e cadastre-se no site:

www.madras.com.br

Para mensagens, parcerias, sugestões e dúvidas, mande-nos um e-mail:

marketing@madras.com.br

SAIBA MAIS

Saiba mais sobre nossos lançamentos,
autores e eventos seguindo-nos no facebook e twitter:

@madrased

/madraseditora